p. 6
Aimons-nous les autres

p. 13
100 photos de
National Geographic
pour la liberté de la
presse

L'ACTU

REPORTERS SANS FRONTIÈRES

p. 125
JAPON, tsunami sur la liberté
de la presse ?

p. 132
Roberto Saviano,
la rage de l'information

p. 130
Yahya Jammeh, despote fluvial

TOYOTA HYBRIDES

NE SE BRANCHE PAS  FAIBLE CONSOMMATION **3,3L** /100 km**

TOYOTA AURIS HYBRIDE

TOYOTA FRANCE - 20 bd de la République, 92420 Vaucresson - SAS au capital de 2123127 € - RCS Nanterre B 712 034 040. SAATCHI & SAATCHI + duke

Consommations mixtes (L/100 km) et émissions de CO$_2$ (g/km) / YARIS HYBRIDE : de 3,3 à 3,6 et de 75 à 82 (A) / AURIS HYBRIDE : de 3,6 à 3,9 et de 84 à 91 (A). Données homologuées CE.
*100 000 véhicules hybrides TOYOTA vendus en France au 30 septembre 2014.
**Pour une Yaris Hybride Dynamic jantes 15".

TOYOTA

DÉJÀ PLUS DE 100 000 HYBRIDES VENDUES EN FRANCE*

YARIS HYBRIDE

NOUVELLE TOYOTA YARIS HYBRIDE

TOYOTA
HYBRID

LA CURIOSITÉ
de toutes les vies

Les journalistes parlent de la vie, heureuse ou tragique, banale ou d'exception. La curiosité pour la diversité de la vie est au fondement du journalisme, de tous les journalismes, dans la politique, l'économie, la culture, la science, le sport. Mais elle ne serait pas complète si elle ne se portait pas aussi aux formes animales et végétales. Les plus belles photos de la revue de la National Geographic Society, déclinée en plus de trente langues, nous ouvrent ici un autre monde vivant, fascinant et menacé.

Christophe Deloire
Secrétaire général
Reporters sans frontières

Toute l'équipe de Reporters sans frontières remercie les photographes de *National Geographic*, magazine de légende publié sans discontinuer depuis 1888, de nous faire ce double cadeau. Ils nous offrent leurs images éblouissantes et, grâce aux recettes de cet album, nous permettent d'apporter un soutien concret aux journalistes et blogueurs qui, sur une bonne partie de la planète, défendent la vie à leurs risques et périls. Car, lorsque les chercheurs de vérité se penchent sur la nature et ses agresseurs, le pire est souvent à craindre.

En Russie, le journaliste indépendant Mikhaïl Beketov a été tabassé pour son engagement en faveur de la forêt de Khimki, menacée par un projet d'autoroute. Il est mort l'an dernier des suites de ses blessures. Dans un procès monté de toutes pièces en Ouzbékistan, l'un de ses confrères a été condamné à dix ans de prison pour ses enquêtes sur la catastrophe écologique de la mer d'Aral. En Malaisie comme au Sri Lanka, des journalistes sont agressés lors de manifestations en faveur de l'environnement.

Dans cet album, Reporters sans frontières, dont les chercheurs et collaborateurs se consacrent à soutenir les héros quotidiens du journalisme et à étendre le domaine de la liberté d'informer, vous emmène aussi dans l'empire russe du contrôle des médias, vous révèle les tristes secrets de l'un des pires prédateurs de la liberté de la presse, le président gambien Yahya Jammeh, et vous propose un entretien inédit avec le journaliste italien Roberto Saviano, qui a pris tous les risques pour décrire et dénoncer la mafia napolitaine.

Merci à Roberto, membre de notre comité émérite aux côtés de lauréats du prix Nobel et d'autres sages du monde entier, et merci à vous tous de nous soutenir.

79 220 collaborateurs
1 métier : la gestion durable des ressources
1 objectif : permettre à nos clients de mieux gérer leurs ressources d'aujourd'hui et de sécuriser celles dont ils auront besoin demain

DES RESSOURCES POUR TOUS, DES RESSOURCES POUR LONGTEMPS.

Les ressources naturelles ne sont pas infinies. Pour assurer l'avenir et répondre aux besoins croissants des villes et des industries, il s'agit désormais de promouvoir une utilisation plus rationnelle de nos ressources : optimiser les usages, créer des ressources en eau alternatives et faire des déchets d'aujourd'hui des ressources pour demain. L'économie circulaire s'impose. SUEZ ENVIRONNEMENT en est un acteur majeur. SUEZ ENVIRONNEMENT, c'est chaque jour 92 millions de personnes alimentées en eau potable et 65 millions en services d'assainissement. C'est aussi 52 millions de personnes dont les déchets sont collectés et plus de 14 millions de tonnes de déchets valorisés en matières premières secondaires et en énergie.

SUEZ ENVIRONNEMENT | w w w . s u e z - e n v i r o n n e m e n t . f r

SUEZ ENVIRONNEMENT · Tour CB 21 · 16 place de l'Iris, 92040 Paris La Défense Cedex · RCS Nanterre 433 466 570 **M&C SAATCHI.GAD**

AIMONS-NOUS
les autres

De ce côté-ci de la Terre, c'est saint François d'Assise qui, le premier, eut la bonne intuition en parlant des animaux comme de nos frères et nos sœurs. L'un des grands génies de l'histoire de l'humanité, Charles Darwin, a tout dit, ensuite, quand il distingua, à l'intérieur du même monde animal, les animaux humains et les animaux non-humains.

C'est pourquoi on n'enlève rien aux animaux humains quand on éprouve de la compassion pour les animaux non-humains. Ou de la fascination. Ou encore de l'admiration. Il n'est que temps que nous en finissions avec nos complexes de supériorité et que nous descendions de notre piédestal pour redécouvrir le monde du vivant dont nous nous étions, à tort, retranchés. C'est ce que nous vous proposons avec cet album.
Je n'irai pas jusqu'à dire que c'est notre espèce qui est à l'honneur dans ce beau livre à la gloire des animaux, mais il ne me semble pas non plus que cette assertion soit totalement fausse. S'il peut y avoir de l'animal en nous, il y a aussi de l'humain en eux, comme le prouvent certaines des photos qui suivent. Nous y retrouvons, au gré des pages, la même sensualité, le même désarroi ou la même profondeur de regard.

Franz-Olivier Giesbert
Écrivain et journaliste

Au cours des dernières décennies, la science n'a cessé de nous apprendre à quel point nous ressemblions aux animaux sur le plan de l'intelligence, des sensations ou des émotions. Le rire n'est plus le propre de l'homme, comme on l'a longtemps cru. Les singes et les chiens rient, mais les rats aussi, notamment quand on les chatouille. Les cochons, qui se reconnaissent dans les miroirs, sont dotés de cette conscience de soi que l'on croyait réservée à nous autres humains seulement. Les poissons souffrent. L'empathie est communément partagée par la plupart des espèces animales, par les éléphants, bien sûr, et même par les chauves-souris. Sur le plan de l'entraide, nous ne perdrions rien à nous en inspirer.

Nous avons trop longtemps cru Descartes qui comparait les animaux à des machines ou Kant pour qui ils étaient comme des pommes de terre. Aujourd'hui, l'animalophobie est une valeur à la baisse dans un monde qui a de plus en plus les yeux tournés vers l'Asie où les philosophies ou les religions célèbrent l'unicité du vivant. Quand on a peur des bêtes, c'est qu'on a peur de nous. Quand on les aime, c'est qu'on s'aime aussi. Comme nous y invite ce livre, il ne nous reste plus, pour reprendre la formule d'un personnage célèbre, qu'à nous aimer les uns les autres…

L'animal est une personne, pour nos sœurs et frères les bêtes, Franz-Olivier Giesbert, Fayard, 2014.

ici Reporters Sans Frontières
lutte pour la liberté de la presse.

LA LIBERTÉ D'EXPRESSION EST LA PREMIÈRE DES LIBERTÉS.
PAR SON ACTION, REPORTERS SANS FRONTIÈRES CONTRIBUE
À LA PRÉSERVER. LA RÉGION ÎLE-DE-FRANCE EST FIÈRE
DE SOUTENIR REPORTERS SANS FRONTIÈRES.

îledeFrance
Demain s'invente ici

AU RYTHME
de la nature

Un jour, dans sa chambre d'hôtel à New York, le président Omar Bongo (1935-2009) a eu une révélation. Découvrant les photos d'animaux et de paysages gabonais réalisées par Michael "Nick" Nichols, il s'est écrié qu'il n'avait jamais pris conscience des merveilles de son pays. Cet "eurêka" a conduit à la création du premier ensemble de parcs naturels du Gabon. Ainsi, la photographie et un décret présidentiel ont permis de sanctuariser 11 % d'un territoire, véritable exploit en termes de conservation et l'un des nombreux exemples de la capacité de la photographie de nature à inspirer le désir et la détermination de protéger la planète. Cette puissance opératoire détermine la philosophie éditoriale de *National Geographic* et incite nos photographes à créer des images toujours plus fortes.

Le naturaliste américain John Muir (1838-1914) a écrit : "Prenez n'importe quelle chose dans la nature, vous verrez qu'elle est reliée au reste du monde." Comment *National Geographic* peut-il aider ses lecteurs à mieux comprendre et affronter la complexité des questions environnementales ? Par exemple en développant des techniques innovantes pour les rapprocher du monde naturel. Grâce à des caméras télécommandées, des mini-robots ou des plateformes de canopée, nos photographes créent des images intimistes et révélatrices qui ouvrent de nouvelles perspectives sur la vie sauvage. Il n'y a ni limites ni contraintes pour raconter une histoire en images. Celles-ci doivent à la fois nous éblouir et imprimer en nous un respect durable pour la nature. Car la plus belle des images - une lionne avec ses petits, un requin-baleine filtrant ses proies, la parade amoureuse d'un oiseau de paradis - ne vaut rien sans contexte. Comme le dit Nick Nichols : "Je n'aime pas la photo pour la photo. Il faut que mon travail accomplisse une mission." Fondés sur la recherche scientifique et

Kathy Moran
Rédactrice en chef
National Geographic

La glace
est l'amie du climat.

un minutieux travail d'enquête, nos reportages visent à changer le monde et à nous changer. Les photographes de *National Geographic* traitent des problèmes les plus pressants qu'affrontent aujourd'hui notre planète et ses habitants. Ce sont de véritables reporters de guerre, celle qui se joue entre la survie et l'extinction. En racontant ces histoires, ils partagent la responsabilité du changement avec notre lectorat informé, concerné et engagé. Car le journalisme tel que nous le concevons vise à influencer l'opinion publique et les pouvoirs législatifs et politiques du monde entier.

Parmi les reportages d'investigation marquants de nos talentueuses équipes, citons les récents "Ivoire sanglant", "Trafic sauvage en Asie" et "Compte à rebours de l'extinction", portraits évocateurs par Joel Sartore de 2100 espèces en danger. En mettant en images l'intégralité de la "Liste rouge" de l'UICN (Union internationale pour la conservation de la nature), Joel espère "exposer au monde les vrais enjeux… (et) inciter les gens à se soucier des grenouilles autant que des pandas".

De même, la couverture par Nick Nichols du *Megatransect*, un périple de 3 000 km dans les forêts du Congo et du Gabon, a eu un effet déterminant sur leur préservation. Comme le reportage de Paul Nicklen (photos) et Greg Stone (textes) sur les îles Phoenix au Kiribati, qui a attiré l'attention sur ces atolls du Pacifique et a entraîné la création d'un parc marin. Comme les photos de baleines franches de l'Atlantique Nord par Brian Skerry, qui ont conduit à une limitation de la vitesse des bateaux dans leurs zones d'habitat, pour éviter des collisions mortelles.

> 66 *Nos reportages visent à changer le monde et à nous changer* 99

À l'époque de Twitter et de l'information à flux continu, *National Geographic* reste attaché à l'enquête méthodique et approfondie, au rythme de la nature. En photographie, l'environnement est la plus difficile des missions et les photographes animaliers se forment sur le terrain, à la dure. Ceux que vous découvrirez dans cet album ont consacré leur temps, leur savoir-faire, leur patience et leur passion à nous faire partager les merveilles naturelles. J'ai le plaisir d'avoir travaillé avec chacun d'eux. Leur dévotion pour leur métier et pour la préservation de l'environnement est l'une de mes sources d'inspiration. Leur proximité et leur amitié en est une autre.

Mais autant que ceux qui défendent les plus hautes valeurs du journalisme, saluons ceux qui aident à les protéger. Reporters sans frontières lutte contre toutes les atteintes à la liberté de l'information, de la prise d'otages à la censure d'Internet. Faisant cela, l'association aide aussi les photographes et les reporters du *National Geographic* à faire connaître au monde une nature oubliée, méprisée, dont l'existence même dépend de nos actions futures.

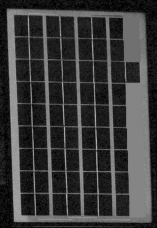

#MakeThingsBetter
total.com

Rendre l'énergie accessible à 50 millions de personnes d'ici 2020
grâce au programme Total Access to Energy

ENGAGÉ POUR UNE ÉNERGIE MEILLEURE

TOTAL
COMMITTED TO BETTER ENERGY

COMMITTED TO BETTER ENERGY = Engagé pour une énergie meilleure
L'énergie est notre avenir, économisons-la !

Nikon

At the heart of the image *

JE SUIS GIVRÉ

30€

COOLPIX AW120

COOLPIX S6900

COOLPIX P530

COOLPIX P600

50€

Nikon D5300

Nikon 1 J4

REMBOURSÉS

70€

Nikon D7100

DU **1ER NOVEMBRE 2014**
AU **3 JANVIER 2015**(1)

NICK NICHOLS - Parc national du Serengeti. Les lions se tuent entre eux. Même un grand mâle comme C-Boy, seigneur attitré de deux troupes, est exposé nuit et jour à ce péril. Image réalisée en lumière infrarouge.

La National Geographic Society, l'une des plus importantes associations scientifiques et éducatives à but non lucratif dans le monde, s'efforce d'inspirer et de transmettre au monde le souci de la planète. Fondée en 1888 pour "développer et diffuser la connaissance géographique" par 33 savants et explorateurs aussi accomplis qu'intrépides, l'organisation était à l'origine un club élitiste et académique pour férus de géographie et de voyages. Parmi ses fondateurs, on trouvait John Wesley Powell, célèbre explorateur et président de la Société géologique américaine, Henry Gannett, cartographe en chef des États-Unis, et Gardiner Greene Hubbard, avocat spécialisé dans les brevets et premier président de la Société.

Le premier numéro du *National Geographic Magazine*, publié en 1888, contenait des "mémoires, essais, notes, correspondances, comptes-rendus ayant trait aux matières géographiques". Aux pensums universitaires du début, tels que "Classification et genèse des formes géologiques" succédèrent dès le 4e numéro des articles plus engageants, comme "À travers le Nicaragua par la route et par la machette". Les illustrations ne jouèrent guère de rôle avant janvier 1896, lorsque le magazine devint un mensuel illustré. Et la légendaire bordure jaune ne fit son apparition qu'en 1910. Au fil du temps, les scientifiques, photographes, rédacteurs et explorateurs de *National Geographic* ont, entre autres choses, amélioré l'art de la photographie sous-marine, révolutionné la photographie animalière, réalisé des découvertes fondamentales en archéologie, exploré des régions inexplorées, inscrit d'innombrables records dont la plus haute altitude en avion et la plongée océanique la plus profonde, localisé des épaves comme celle du Titanic, documenté de somptueuses civilisations perdues, inventé et perfectionné des technologies pour pister et étudier la faune sauvage, plaidé avec succès pour la conservation de paysages et d'espèces en voie d'extinction, découvert des espèces inconnues… Le tout en pratiquant auprès du grand public une pédagogie à base de contenus fascinants, de reportages haletants, de documents époustouflants et d'images inoubliables.

PAUL NICKLEN - Svalbard, Norvège.
Une ours polaire regarde par la fenêtre d'une cabane.

BRIAN SKERRY -
Une baleine franche
australe (*Eubalaena
australis*) rencontre
un plongeur sur fond
de sable, par 22 m
de fond au large des
îles Auckland, archipel
subantarctique de
Nouvelle-Zélande. Je
m'y suis rendu dans
l'espoir de photogra-
phier une population
intacte de baleines
franches. Dans le cadre
d'un reportage sur ces
animaux, j'avais passé
l'année précédente
à photographier les
baleines franches de
l'Atlantique Nord, dont
ne subsistent que 350
individus environ, la
plupart abîmés par des
entortillements dans
des filets de pêche ou
des collisions avec des
bateaux. Beaucoup de
ces baleines franches
australes n'avaient
jamais vu d'humains
et cela les rendait très
curieuses. Nager au
fond de l'océan avec
un mammifère de
14 m de long et de
plus de 60 tonnes a
été la rencontre la plus
incroyable de ma vie

STEVE WINTER - Indifférents aux flashes à répétition, ces jeunes tigres de 15 mois prennent la pose au point d'eau de Pat-para Nala, dans le parc national Bandhavgard en Inde. Ils ont fini par examiner de plus près le piège photogra-phique, ont reniflé et secoué le dispositif jusqu'à ce que le mâle surnommé Smasher ("beau gosse", à droite) le démolisse à plusieurs reprises.

PAUL NICKLEN -
Cette énorme femelle
léopard de mer, de
près de 4 m et de plus
de 450 kg, a tué un
petit manchot qu'elle
offre à l'objectif.
La photo a été prise
le jour où beaucoup
de jeunes manchots
font leurs premiers pas
dans l'eau, constituant
des proies faciles pour
les léopards de mer

NICK NICHOLS -
Près de Dzanga Baï,
République centrafricaine.
Sachant que les
éléphants aimaient
se nourrir la nuit dans
cette petite crique près
du camp d'Andrea
Turkalo, je m'y suis
glissé avant l'aube.
J'ai fait cette image
juste avant de me
mettre à courir.

JOEL SARTORE -
Semnopithèques
de François (*Trachy-
pithecus francoisi*)
dans le zoo d'Omaha,
Nebraska. Statut
de conservation :
en danger.

"Je suis devenu photojournaliste pour raconter des histoires nécessaires"

La passion de Michael "Nick" Nichols, c'est de trouver les moyens efficaces pour faire connaître et aimer ce qui lui tient à cœur. Sa motivation vient aussi d'une éthique du travail née d'une éducation à la dure, du besoin de s'exprimer et, plus tard, des injustices que les humains font subir à la nature.

"J'ai trouvé mon instrument dans la photographie, ma cause dans l'environnement et mon mécène à *National Geographic*.

Je n'ai pas choisi de devenir photographe animalier. Je voulais être artiste et je suis devenu photojournaliste pour raconter des histoires nécessaires. En faisant un reportage sur les gorilles, j'ai réalisé que j'avais un talent particulier pour travailler dans des environnements jugés difficiles et que je pouvais plaider pour la nature grâce à la photographie. De même que la force d'un photographe de guerre s'applique à la société, la mienne s'applique à la nature et à l'environnement.

Au fond de la jungle, on se retrouve soudain face à face avec un grand gorille. Il est évident que même là, on partage un moment avec l'un de nos plus proches parents. Il vous regarde avec des yeux si... humains."
Ce sont de telles expériences qui ont fait de Nick Nichols, photographe à *National Geographic*, un défenseur acharné de la conservation des habitats naturels, de plus en plus réduits.

Michael "Nick" Nichols, lauréat de nombreux prix internationaux, a travaillé dans les endroits les plus reculés de la planète. Photographe à la rédaction de National Geographic depuis 1996, il y a réalisé plus de 25 reportages, dont le plus récent en août 2013, "La vie courte et heureuse d'un lion du Serengeti", est particulièrement innovant : il y fait le portrait du roi des animaux en utilisant la photographie infrarouge, un robot à chenille pour les vues à hauteur des yeux et un hélicoptère miniature muni d'un appareil photo. En 2007, il a fondé à Charlottesville, en Virginie, le festival annuel LOOK3, trois jours de "Peace, love and photography" où se retrouve la communauté des artistes du déclencheur.

NICK NICHOLS - Un gorille à dos argenté des plaines de l'ouest dans le parc national Odzala-Kokoua, République du Congo.

NICK NICHOLS -
Parc national du
Serengeti en Tanzanie -
La troupe Vumbi, qui
fait partie du Serengeti
Lion Project, consiste
en 5 femelles adultes
et 8 petits encore
vivants en avril 2011.
Les lionceaux plus
grands comme ceux-ci
sont élevés ensemble
en une sorte de
nurserie. Les femelles,
collectivement respon-
sables d'une nouvelle
génération, prennent
soin de leurs petits et
de tous les autres

NICK NICHOLS - Parc national de Nairobi, Kenya - Les éléphants, parmi les créatures les plus intelligentes de la Terre, manifestent des comportements qui font vaciller nos conceptions du mot "animal". Malheureusement, ils ne peuvent pas survivre sans notre intervention directe.

NICK NICHOLS - Les éléphants profitent de leurs ablutions matinales près des palissades dans le Parc national Tsavo. Les bains de boue quotidiens sont au centre de l'hygiène des éléphants car ils offrent une protection efficace contre le soleil et nettoient leur peau des punaises et des coches.

NICK NICHOLS - Parc national Zakouma, Tchad - Le piège photographique était installé sur le chemin des allers-retours d'un crocodile depuis son nid au bord de la rivière.

NICK NICHOLS - Un hippopotame surfe sur les vagues de la côte du Gabon.

NICK NICHOLS - *Ceratotherium simum cottoni*, le très menacé rhinocéros blanc.

NICK NICHOLS - Photo télécommandée du roi des animaux dégustant un zèbre. Troupe de lions du Serengeti Lion Research Project.

NICK NICHOLS - Attaché à une corde, un mandrill tente de saisir l'appareil.

NICK NICHOLS - Un hibou tacheté fond sur le leurre d'un chercheur dans une forêt de jeunes acajous.

NICK NICHOLS -
Jou Jou, chimpanzé en
captivité, tend la main
au Dr. Jane Goodall

Dans l'œil de
Paul Nicklen

"C'était magique, la réalisation d'un rêve d'enfant : marcher dans la forêt avec un ours."

Les peuples des Premières Nations de Colombie-Britannique, au Canada, révèrent pendant des siècles "l'Ours Esprit" ou ours Kermode, qui hante la forêt Grand Ours, vieille et immense forêt pluviale tempérée qui s'étend du sud de la Colombie-Britannique jusqu'en Alaska. Cet ours noir, porteur d'un gène récessif qui lui confère une fourrure blanc crème, est une rareté. Son autre nom, "ours fantôme", dit bien son caractère insaisissable. Paul Nicklen a rencontré ce spécimen en septembre, à l'apogée de la montaison des saumons, lorsque les ours profitent de l'aubaine et accumulent des réserves en prévision de l'hibernation. Les ours Kermode, fuyant les zones de pêche encombrées par leurs congénères, retournent dans la forêt pour savourer leur repas en paix. "J'ai suivi cet ours jusqu'à ce qu'il trouve un coin tranquille, raconte Paul. J'étais accroupi à moins d'un mètre de lui, mais il a fait comme si je n'étais pas là. C'était magique, la réalisation d'un rêve d'enfant : marcher dans la forêt avec un ours." La forêt Grand Ours est l'une des plus vastes forêts humides tempérées intactes, et la seule où l'on trouve ces animaux. Les peuples des Premières Nations se servent de l'Ours Esprit comme ambassadeur de leur campagne contre un oléoduc qui doit transporter le pétrole des sables bitumineux de l'Alberta jusqu'à la côte de Colombie-Britannique. Les tuyaux et les infrastructures du projet détruiront une partie de la forêt, mais on s'inquiète surtout du risque de marée noire créé par les pétroliers empruntant le dangereux canal côtier pour s'approvisionner. Une fuite pourrait anéantir un écosystème entier.

Paul Nicklen se sert de son appareil pour révéler la disparition d'un monde victime du réchauffement causé par les hommes. "Je me considère comme un interprète, dit-il. Je traduis ce que les scientifiques me disent. Si nous perdons la glace, nous perdrons un écosystème tout entier." Fusionnant pratique photographique et expérience de vie, il travaille pour National Geographic depuis 15 ans. Ses images reflètent son respect pour les créatures habitant les environnements dégradés et il espère que son travail aidera à une prise de conscience mondiale des dangers qui menacent la faune sauvage. Auteur d'une quinzaine de reportages pour le magazine, il a une préférence marquée pour les régions polaires.

PAUL NICKLEN - Un ours Kermode déguste un poisson sur un lit de mousse.

PAUL NICKLEN -
Dans les chutes
de Three Sisters
de la Crystal River,
un lamentin au milieu
d'algues Lyngbya qui
ont envahi les canaux
de Floride. Les cher-
cheurs capturent des
lamentins pour étudier
leur indice-santé.

PAUL NICKLEN - Albatros fuligineux à dos clair, à Gold Harbour, Géorgie du Sud.

PAUL NICKLEN - Un ours Kermode noir, né avec une fourrure blanche, à l'affût sur un rocher.

PAUL NICKLEN - Un ours Kermode se tient au pied d'un cèdre rouge.

PAUL NICKLEN - Manchots empereurs près de la station Mario-Zuchelli, dans la mer de Ross, Antarctique.

PAUL NICKLEN - Pingouins en bordure de banquise au cap Washington, Antarctique.

PAUL NICKLEN - Un phoque annelé émerge de son trou de respiration en surveillant les ours polaires.

PAUL NICKLEN - Les narvals, dont la chasse est interdite, se nourrissent de morues qu'ils poussent sous la glace. Ils émergent de trous créés par les phoques pour reprendre leur respiration.

PAUL NICKLEN -
Reflété par le miroir
de la glace, un ours
polaire nage entre
deux eaux.

Dans l'œil de
Steve Winter

"Donner un avenir aux félins et à tous les animaux du coin, piégés entre les voitures et l'océan"

Lors d'une réunion sur les pumas dans le Montana, j'ai rencontré Jeff Sikich, biologiste au National Park Service à Los Angeles. J'avais besoin de l'image d'un puma en zone urbaine pour montrer comment les humains quittent les villes pour s'installer sur les territoires de ces félins, et comment ceux-ci s'adaptent. J'ai confié à Jeff que j'adorerais prendre une photo d'un "lion des montagnes" sous le célèbre panneau Hollywood ! Il a pensé que j'étais fou et m'a répondu qu'il n'y avait pas le moindre puma sur le mont Lee et dans tout Griffith Park. Je lui ai demandé de me prévenir si ça changeait.

Huit mois après, il m'a appelé : "Vous n'allez pas le croire, mais on vient de me montrer une photo de puma dans les collines de Hollywood !" Pour arriver là, l'animal, baptisé P-22, avait dû traverser les autoroutes parmi les plus fréquentées des États-Unis, la 405 et la 101.

Pour mes pièges photographiques, j'ai fait construire des boîtiers en acier de 20 kg, boulonnés par sécurité sur des poteaux plantés dans le sol. Ne connaissant pas les itinéraires de P-22, nous les avons installés près du panneau et dans le parc lui-même. Bilan : un lynx roux, un cerf, un coyote, un raton laveur et des milliers de randonneurs et de promeneurs avec toutou… Grâce au National Geographic Expedition Council, j'ai pu faire poser sur P-22 un collier GPS qui nous donnait sa localisation toutes les deux heures. Et j'ai disposé mes appareils sur ses parcours habituels.

Il a fallu 15 mois pour obtenir cette image de P-22 avec le panneau Hollywood, ce qui a incité la ville de Los Angeles à envisager la construction d'un passage faunique sur l'autoroute 101. De quoi donner un avenir aux félins et à tous les animaux du coin, piégés entre les voitures et l'océan.

Steve Winter a été attaqué par des rhinocéros en Inde, traqué par des jaguars au Brésil, chargé par un grizzly de 3 m en Sibérie et aspiré par des sables mouvants dans la plus grande réserve de tigres au monde au Myanmar. Il a dormi dans une tente pendant six mois par - 40° en quête du léopard des neiges, survolé des volcans en éruption et visité des villages qui n'avaient jamais vu d'homme blond ni d'appareil photo. En contrat avec National Geographic depuis 1991, il veut donner à ses lecteurs la meilleure place : celle de l'équipier du photographe et du rédacteur, en plein cœur de l'aventure. En 2013, le magazine a édité son livre intitulé "Tigres pour toujours : sauvons les félins les plus menacés de la planète".

STEVE WINTER - P22 se promenant dans Griffith Park, où se trouve le célèbre panneau Hollywood. Ce puma est étudié et suivi par des biologistes du National Park Service dans la région de Los Angeles. Sa capacité à se rendre invisible dans une zone à très forte densité de population témoigne des qualités de furtivité de l'espèce.

STEVE WINTER - Avec son pelage couleur camouflage, ce léopard des neiges se fond dans le paysage rocailleux et tacheté de soleil de la chaîne de Khardung dans le Ladakh, au nord de l'Inde.

STEVE WINTER - Merveilles de l'inattendu : quand j'ai installé mon piège photographique, le sol était couvert de neige et on voyait le sommet d'une montagne à travers les branches de l'arbre. Le printemps est passé par là et voilà la plus longue queue de matou du monde !

STEVE WINTER - Un piège photographique installé à l'entrée d'une grotte capture une femelle puma, F51, et son petit venus se protéger du froid au milieu du désert de Gros Ventre, dans le Wyoming, États-Unis. Il a fallu 12 mois pour prendre cette photo.

STEVE WINTER - Sous la pleine lune, un piège photographique capture un puma équipé d'un collier émetteur en train de déguster une carcasse de wapiti dans la forêt nationale de Bridger-Teton, dans le Wyoming, États-Unis.

STEVE WINTER -
C'est dans le parc
national Kaziranga que
les tigres sont les plus
abondants en Inde.
Dans les autres parcs,
ils sont en grand péril
du fait d'un intense
braconnage. Ici, ils
sont protégés par des
gardes armés et les
braconniers préfèrent
se rabattre sur les
rhinocéros indiens.
Un jeune mâle est
capturé par un piège
photographique au
milieu de l'herbe à
éléphant.

"Quelques becquées de racines, comme des pétales sous les pas d'une mariée."

S a révérence est profonde et majestueuse même si, relevée, sa cape de plumes d'un noir velouté expose ses flancs pâlichons. Les souples antennes qui ornent sa tête frappent le sol, un-deux, un-deux. Sa scène est un coin de terre qu'il a débarrassé des débris forestiers avant d'y répandre quelques becquées de racines, comme des pétales sous les pas d'une mariée. Son public : une rangée de femelles blasées gigotant sur une branche en surplomb. Pour capter leur attention flottante, il entame son numéro. Avançant à petits pas sur ses pattes maigres comme une danseuse sur pointes, il s'interrompt pour accentuer l'effet dramatique puis se lance dans un boogie-woogie endiablé. Son cou monte et descend, sa tête dodeline et ses tortillons s'agitent à contretemps. Il sautille et se secoue, bat et replie ses ailes, tous barbillons au vent.

Son numéro a l'effet désiré. La femelle la plus proche frétille de désir et, poussant un cri nasal, le danseur lui saute dessus. La frénésie emplumée qui suit empêche de voir si les ébats sont réussis. Mais peu importe : le prochain spectacle est pour bientôt.

Tim Laman est à la fois biologiste de terrain, explorateur, photographe animalier et cinéaste. Ses images nous parlent d'animaux rares et menacés et nous dévoilent les lieux les plus sauvages de la planète. Son objectif : documenter des espèces peu connues et faire avancer la conscience et la protection de l'environnement. Il attribue à son enfance passée au Japon son intérêt pour l'exploration de la nature. Ayant découvert les forêts tropicales de Bornéo en 1987, il a fait de la région Asie-Pacifique le cœur de ses recherches. Il y part plusieurs mois par an en expédition pour la National Geographic Society et le Cornell Lab of Ornithology. Ses photos sont parues dans les numéros spéciaux rassemblant les meilleurs reportages du National Geographic.

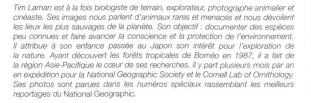

TIM LAMAN - Grand paradisier, *Paradisaea apoda*. Forêt de Badigaki, île Wokam dans l'archipel des Aru, Indonésie.

TIM LAMAN -
Portrait de Beth, femelle
gravide orang-outang
(*Pongo pygmaeus*).

TIM LAMAN - Singe de nuit bruyant (*Aotus vociferans*) dans un arbre évidé au bord d'une rivière au sud du Centre animalier Napo dans le parc national Yasuni, province de l'Orellana, Équateur.

TIM LAMAN - Hurleur roux (*Alouatta seniculus*) au-dessus d'une collpa (falaise d'argile) fréquentée par les singes hurleurs. Parc national Yasuni, Équateur.

TIM LAMAN-Titi sombre (*Callicebus discolor*) mangeant des feuilles dans la réserve de biodiversité de Tiputini, province d'Orellana, Équateur.

TIM LAMAN - Ouistiti nain (*Callithrix pygmaea*) se nourrissant de sève dans le parc national Yasuni, province d'Orellana, Équateur.

TIM LAMAN -
Greater Bird
of Paradise,
(*Paradisaea apoda*),
Badigaki Forest,
île Wokam dans l'archipel
des Aru, Indonésie.

"La nuit tombait quand le premier jeune mâle s'est réveillé de sa sieste..."

Normalement, les lions ne grimpent pas aux arbres, mais ceux du parc national Queen Elizabeth, en Ouganda, le font souvent pendant la journée, probablement pour se rafraîchir et échapper aux mouches. Cet arbre accueillait ce jour-là deux lions, deux frères endormis. "La nuit tombait quand le premier jeune mâle s'est réveillé de sa sieste, raconte Joel Sartore. Vu le niveau de lumière, il fallait que mon appareil soit parfaitement stable. J'avais besoin aussi que le lion relève la tête pour bien le cadrer. C'est ce qu'il a fait pendant cinq secondes, pour écouter l'appel d'une femelle au loin." Joel Sartore se trouvait en compagnie du Dr. Ludwig Siefert, biologiste responsable des lions du parc, qui a braqué un projecteur sur le mâle pour l'identifier et le photographier. "Les lions sont habitués à lui et à son 4x4 et notre présence ne les a absolument pas dérangés. Mais ils sont en danger. Les éleveurs en manque criant de pâturages n'hésitent pas à emmener leurs troupeaux dans le parc. Quand les lions tuent une vache, il arrive souvent que son propriétaire asperge la carcasse entamée avec du poison, et les lions s'empoisonnent quand ils reviennent finir leur repas." Il ne reste dans le parc national Queen Elizabeth que soixante lions, et le Dr. Siefert estime que si rien n'est fait pour empêcher les troupeaux d'y pâturer, tous les félins auront disparu d'ici dix ans.

Joel Sartore, photographe, conférencier, auteur et enseignant, contribue depuis plus de vingt ans à National Geographic. Ses points forts : un grand sens de l'humour et une éthique du travail typique du Midwest. Ses reportages l'ont entraîné sur tous les continents et dans des environnements aussi majestueux que difficiles, depuis l'Extrême-Arctique jusqu'à l'Antarctique. Joel s'est donné pour mission de documenter les espèces et les espaces en danger et montrer que la planète vaut la peine d'être sauvée. En plus de son travail pour National Geographic, *il a contribué à plusieurs livres et à de nombreux articles pour* Audubon Magazine, Geo, Time, Life, Newsweek *et* Sports Illustrated.

JOEL SARTORE - Un lion d'Afrique grimpe sur un arbre pour dormir.

JOEL SARTORE -
Les chutes de Brooks
dans le parc national
et réserve de Katmai,
dans l'Alaska, sont une
attraction touristique.
Les ours s'y bousculent
pour attraper les sau-
mons remontant
le courant.

JOEL SARTORE - Une panthère de Floride (*Puma concolor coryi*) au zoo du parc Lowry à Tampa, en Floride, États-Unis. Statut de conservation : en danger.

JOEL SARTORE - Femelle rhinocéros indien (*Rhinoceros unicornis*) avec son petit au zoo de Fort Worth, au Texas, États-Unis. Statut de conservation : vulnérable.

JOEL SARTORE - Une grue royale (*Balearica regulorum*) avec deux grues couronnées d'Afrique de l'Ouest (*Balearica pavonina pavonina*) au zoo de Columbus, Ohio, États-Unis. Statut de conservation : en danger et vulnérables.

JOEL SARTORE - Un mandrill (*Mandrillus sphinx*) de 5 mois en captivité à Malabo, Guinée équatoriale. Statut de conservation : vulnérable.

JOEL SARTORE -
Pic à bec ivoire mâle.
Statut de conservation :
en danger critique
d'extinction.

JOEL SARTORE -
La main d'un membre
de la famille de gorilles
de Mubara dans
le parc national de
la forêt impénétrable
de Bwindi, Ouganda.

JOEL SARTORE - Macaques nègres de Sulawesi *(Macaca nigra)* au zoo d'Omaha, Nebraska, États-Unis. Statut de conservation : en danger critique d'extinction.

JOEL SARTORE - Tortue de Reimann *(Chelodina reimanni)* de Nouvelle-Guinée au zoo d'Atlanta, États-Unis. Statut de conservation : quasi-menacée.

JOEL SARTORE - Un propithèque de Coquerel (*Propithecus coquereli*), lémurien en danger.

JOEL SARTORE - Lycaons d'Afrique (*Lycaon pictus*) au zoo d'Omaha, Nebraska, États-Unis. Statut de conservation : en danger.

JOEL SARTORE -
Ménés "volants"
au-dessus de
la Powder River
dans le Wyoming,
États-Unis,
un écosystème
menacé par
l'exploitation
du gaz de houille.

Dans l'œil de
Brian Skerry

"L'un des points forts de mon reportage était le problème de la surpêche des requins."

D ans le cadre d'une grande enquête sur la surpêche commerciale et industrielle, j'ai passé deux ans à mitrailler cette problématique complexe sous tous les angles. Je voulais rendre tangibles deux réalités dramatiques : en soixante ans, 90 % des grands poissons ont disparu des mers et océans ; trop souvent, les fruits de mer sont pêchés de manière destructrice et non durable. L'un des points forts de mon reportage était le problème de la surpêche des requins. Depuis bien longtemps, nous en tuons plus de 100 millions chaque année, ce qui commence à avoir de graves conséquences sur la santé des océans. En commençant à travailler sur la pêche au requin, je me suis demandé comment réaliser une photo de squale mort suffisamment évocatrice pour des lecteurs dont beaucoup croient encore au vieil adage : "Un bon requin est un requin mort." Après avoir réalisé des dizaines d'images convaincantes de requins capturés et amputés de leurs ailerons, je me suis mis en quête de quelque chose de plus fort, d'une image incontournable. Un jour, nageant près d'un filet maillant dans la mer de Cortez au Mexique, j'ai vu un grand requin-renard qui venait de mourir. Ses yeux étaient ouverts et ses longues nageoires pectorales étaient étendues, un peu à la manière d'une crucifixion. J'ai photographié la scène de près et de loin et sous plusieurs angles, pour être sûr. Et cela s'est conclu par une seule image qui capturait exactement ce que je voulais transmettre. Outre les caractéristiques d'une photo techniquement réussie, elle avait une grande force : celle de nous aider à voir les animaux d'une autre manière et, peut-être, de susciter une forme d'empathie pour les requins, dont ils ont bien besoin.

Bryan Skerry, sous contrat avec National Geographic *depuis 1998, est un photojournaliste spécialiste des biotopes sous-marins, mondialement réputé pour son sens esthétique et son acuité journalistique. Ses images exceptionnellement créatives ne se contentent pas de célébrer les mystères et les beautés des fonds océaniques, elles focalisent l'attention sur les innombrables périls auxquels sont exposés nos mers et leurs habitants. En trente ans, il a passé plus de 10 000 heures, l'équivalent de 14 mois pleins, sous l'eau ! Et il a réalisé des reportages qui ont fait la une du* National Geographic, *comme la lutte pour la vie du phoque du Groenland et la réduction alarmante de la pêche mondiale.*

BRIAN SKERRY - Mexique. Un requin-renard dans le piège mortel d'un filet de pêche.

BRIAN SKERRY -
Un requin-baleine
au milieu d'un banc
de petits poissons
près de l'île Holbox,
Yucatan, Mexique.

BRIAN SKERRY - Un poisson-chirurgien unicorne des îles de la Ligne du Sud, Kiribati/États-Unis.

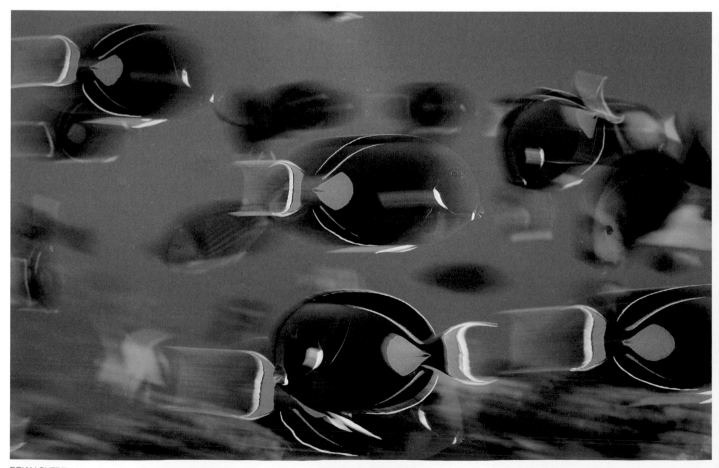

BRIAN SKERRY - Des chirurgiens d'Achille se rassemblent dans une remontée d'eau côtière pour se nourrir de plancton.

BRIAN SKERRY - Chirurgien jaune, îles Phoenix, Kiribati/États-Unis.

BRIAN SKERRY - Poisson-perroquet à bosse au large des îles de la Ligne du Sud, Kiribati/États-Unis.

BRIAN SKERRY - Un blanchon, jeune phoque du Groenland, nage avec grâce dans l'eau glacée.

BRIAN SKERRY - Une morue bleue et des coraux mous appelés plumes de mer, inhabituels à cette faible profondeur, dans les bas-fonds de la réserve Long Sound, dont les eaux de surface riches en tanins bloquent la lumière. Les écosystèmes marins fragiles comme celui-ci bénéficient d'une haute protection en Nouvelle-Zélande. Cette photo a été prise par 23 m de fond, là où aucune lumière ne parvient, ce qui trompe les animaux de grand fond telles ces plumes de mer.

BRIAN SKERRY -
Muko-jima,
îles d'Ogasawara.
À la recherche de
plancton, un banc
de platax nage
près de la surface.

"Cette image-là a fait le tour de la Terre et c'est l'une de mes icônes personnelles."

En baie d'Hudson au Canada, les ours polaires se retrouvent chaque année en octobre et novembre sur la plage de Churchill, en attendant que la glace se forme et leur permette d'aller chasser les phoques.

Mais l'attente peut être longue. Beaucoup d'ours blancs commencent à s'ennuyer ferme et jouent avec toutes sortes d'objets, comme des branches et des souches. Ils essaient aussi de monter dans des arbres, de construire des balais et de glisser avec des chiens de traîneau ! J'ai vu beaucoup de comportements plutôt rigolos pendant les vingt ans que j'ai passés en baie d'Hudson, devenue ma seconde patrie.

Ce jour-là, j'observais depuis quelques temps deux mâles qui jouaient près du chenil de la propriété de Brian Ladoon. Tout d'un coup, l'un d'eux s'est mis à creuser dans une congère et en a extrait un vieux pneu. Aussitôt, son compagnon s'est approché et l'a subtilisé. Le "vainqueur" a pris le pneu dans sa gueule, l'a transporté sur un lac gelé et s'est mis à jouer avec. Il l'a enfilé sur une patte, l'a fait tourner avec ses griffes comme un ours de cirque et puis il l'a brandi l'air de dire : "C'est le pneu neige idéal cet hiver - je vous le recommande !"

Tous ceux qui assistaient avec moi à ce spectacle hurlaient de rire et la voiture où nous étions bougeait tellement que beaucoup de mes images se sont révélées floues. J'avais mon appareil préféré, un Leica R9 analogique avec un objectif de 560 mm. Cette image-là a fait le tour de la Terre et c'est l'une de mes icônes personnelles.

Né au nord de l'Allemagne en 1953, Norbert Rosing est un photographe passionné de nature et de faune, avec un penchant pour l'Arctique, les paysages de l'Amérique du Nord et les parcs nationaux allemands. Depuis sa première une pour National Geographic, "Découverte de la glace pour ours débutants", publiée en décembre 2000, il s'est intéressé entre autres aux bœufs musqués, aux morses, aux aigles d'Amérique et aux renards polaires. Membre de plusieurs associations photographiques et lauréat de nombreux prix, il a été publié dans des magazines internationaux comme GEO, Terre Sauvage, BBC Wildlife, Sinra, Terra, Naturfoto et Photo Technik. Pour ses images, il n'a jamais recours à la retouche informatique.

NORBERT ROSING - Ours polaire jouant avec un pneu.

NORBERT ROSING - Bison d'Amérique sur fond de geyser.

NORBERT ROSING - Un lièvre arctique (*Lepus arcticus*) au crépuscule dans le parc national Wapusk, Manitoba, Canada.

NORBERT ROSING - Un renard arctique sous la lune d'un matin de février, à Churchill, Manitoba, Canada.

NORBERT ROSING - Bœufs musqués (*Ovibos moschatus*) en formation serrée.

NORBERT ROSING -
Le nombre fait la force
pour ces morses de
l'Atlantique.

"En tant que photographe, je ressens l'urgence d'aller sur le terrain."

Parlez-nous de la photo que vous avez prise lors de votre mission d'observation de huit mois dans le delta de l'Okavango.

Ce reportage s'inscrivait dans un travail sur les guépards. J'ai passé presque une année entière dans l'Okavango.

Aviez-vous un objectif précis ?

Ayant déjà observé les guépards à l'état sauvage dans le parc du Serengeti, j'avais pris conscience des défis qu'ils affrontent du fait de la réduction de leur habitat. Je me suis rendu en Namibie et dans le delta de l'Okavango en compagnie de biologistes. Là, je me suis concentré sur une femelle et ses cinq petits ; ils se sont plus ou moins habitués à ma présence et j'ai pu capturer leur comportement. Cette photo saisit la puissance athlétique d'un guépardeau quand il joue. C'est un comportement normal, mais j'en ai souvent photographié de très inhabituels. Par exemple, j'ai pris une image de deux guépards noyant un cobe de Lechwe. Pour un photographe, vivre tous les jours avec ces animaux amène à observer des agissements inconnus des biologistes.

Vous voulez dire que vous avez révolutionné la biologie ?

Mon boulot, c'est d'enregistrer et de témoigner. En tant que photographe, je ressens l'urgence d'aller sur le terrain. Je voulais montrer l'impact de nos actions et illustrer ce qui nous reste encore à apprendre.

On sait que les guépards ont tendance à sortir de leurs aires protégées et beaucoup d'Africains estiment qu'ils empiètent sur les terres agricoles. Quel équilibre peut-on trouver, selon vous ?

Nous devons apprendre à coexister. Ce n'est pas très différent de la situation des loups et des grizzlys dans les 90 000 km² du parc Yellowstone, ou de celle des couguars dans l'Oregon.

Comment traduisez-vous photographiquement ce message de coexistence ?

En créant des images qui améliorent la connaissance et aident à prendre les bonnes décisions.

Lesquelles de vos images ont eu le plus d'impact écologique ?

Quand on est comme moi photographe, on finit par ne plus s'inquiéter des applaudissements immédiats. Il faut bâtir une œuvre qui aura un impact sur le long terme.

Justement, vous êtes-vous jamais senti frustré par l'opinion publique sur les questions de conservation ?

C'est plutôt l'urgence de la situation qui me frustre. J'ai envie que la communauté humaine comprenne la valeur des écosystèmes. Nous devons susciter l'attention et la curiosité. La curiosité est mère de la science et il nous est nécessaire de croire en la science.

Propos recueillis par Zachary Galasi

Chris Johns a été nommé rédacteur en chef de National Geographic en janvier 2005. En réinventant et en revitalisant le magazine, il en a fait une référence pour qui veut approfondir sa compréhension des problèmes énergétiques et environnementaux. D'abord photographe sous contrat en 1985, puis responsable des illustrations et rédacteur en chef adjoint, Chris a réalisé plus de 20 reportages pour National Geographic, dont 8 ont fait la une. Les lecteurs se souviennent encore de leur descente du Zambèze en sa compagnie et de son témoignage de la lutte des Bushmen pour leur survie culturelle. En 2003, le magazine American Photo l'a désigné comme l'un des 25 photographes les plus importants du monde.

CHRIS JOHNS - Jeune guépard au coucher du soleil dans le delta d'Okavango au Botswana. Les animaux terrestres les plus rapides du monde ne peuvent faire face au rétrécissement de leur habitat et à la concurrence d'autres prédateurs.

CHRIS JOHNS -
Éléphant d'Afrique
mâle dans les marais
noirs du Botswana.

CHRIS JOHNS - Jeune guépard au museau ensanglanté dans le delta d'Okavango, Botswana.

CHRIS JOHNS - Un crotale diamantin se repose sur un palétuvier.

CHRIS JOHNS - Girafe dans une forêt brumeuse du domaine de chasse de Ndumu, Afrique du Sud.

CHRIS JOHNS - Moustique Culex près de l'œil d'un kiwi rouge.

CHRIS JOHNS -
Un lion lutte contre
un vent cinglant
dans le lit de la rivière
Nossob.

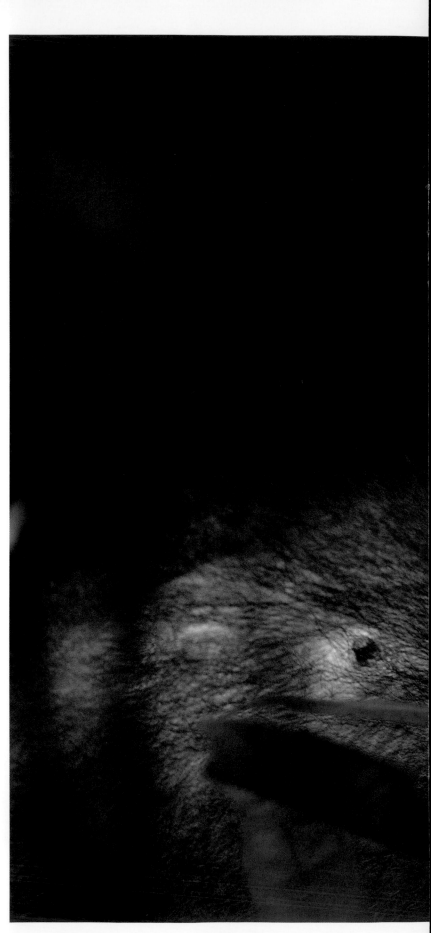

"C'est l'un des moments les plus vertigineux, une attitude de confiance qui m'a fait monter les larmes aux yeux."

Travailler avec des bonobos en liberté est à la fois un immense privilège et une expérience unique. Difficile de croire que nous en sachions si peu sur nos plus proches cousins vivants, plus proches même que les chimpanzés, et pourtant nous commençons à peine à comprendre leur comportement dans la nature. Ma chance a été de travailler avec des chercheurs de la société Max-Planck, les premiers à se faire accepter par un groupe de bonobos sauvages. La raison pour laquelle la recherche sur ces primates est si peu avancée est leur distribution géographique : ils vivent tous en République démocratique du Congo, l'ex-Zaïre, pays immense affligé d'épouvantables tragédies tout au long de son histoire, coloniale et moderne. Ces conditions politiques instables rendent presque impossibles la recherche et le travail de terrain à long terme. Et elles ont conduit à une disparition massive des bonobos, du fait du braconnage de la "viande de brousse" et d'un contrôle gouvernemental quasi-inexistant.

J'ai passé en tout 11 semaines en RDC à observer la vie de nos cousins. Cette image a été prise à la fin de mon séjour à Lui Kotale, dans le parc national de la Salonga. Quelques bonobos avec lesquels j'avais passé beaucoup de temps s'étaient habitués à ma présence et me laissaient les approcher à quelques mètres même quand ils étaient au sol. Cet après-midi-là, ils avaient mangé de l'argile orange dans une vasière, sans doute pour soigner une indigestion de fruits pas mûrs. Tous avaient l'air d'avoir abusé du bâton de rouge et cette jeune femelle me fixait, à trois mètres à peine. C'est l'un des moments les plus vertigineux, les plus intimes que j'aie jamais vécus dans la nature, une attitude de confiance qui m'a fait monter les larmes aux yeux.

Le photojournaliste allemand Christian Ziegler est un spécialiste d'histoire naturelle et de sciences. Diplômé en écologie des milieux tropicaux, il travaille sans relâche dans les forêts humides de trois continents et se considère comme un truchement entre les beautés extraordinaires et les merveilles scientifiques des écosystèmes tropicaux et le grand public, dont il espère élever la conscience écologique. Missionné et publié régulièrement par des magazines internationaux de premier plan comme National Geographic, GEO, BBC Wildlife *ou* National Wildlife, *Christian vit en bordure d'un parc national forestier dans le centre du Panama, base de départ de ses aventures planétaires.*

CHRISTIAN ZIEGLER - Les lèvres barbouillées d'argile orange, une jeune femelle bonobo se détend dans la forêt à Lui Kotale, dans le parc national Salonga, République démocratique du Congo.

CHRISTIAN ZIEGLER - Au Panama, un opossum laineux boit le nectar d'une fleur de balsa.

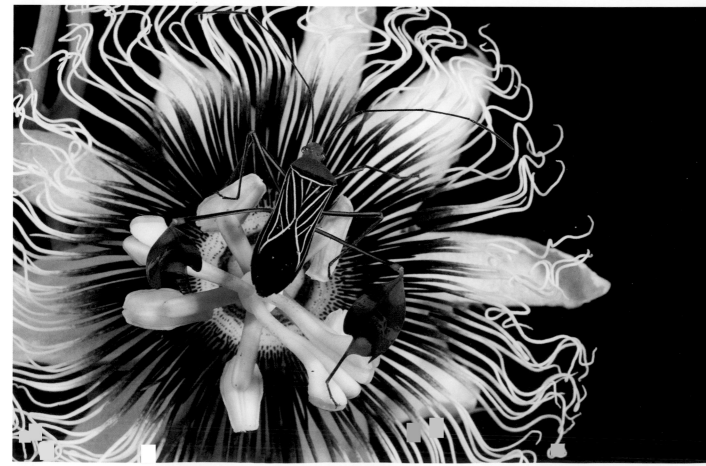

CHRISTIAN ZIEGLER - Cet insecte distrait ses prédateurs grâce aux appendices sur ses pattes arrière.

CHRISTIAN ZIEGLER - Une brachyphylla s'envole d'un figuier avec un fruit bien mûr.

CHRISTIAN ZIEGLER - Le grand noctilion est réputé pour ses talents de pêcheur.

CHRISTIAN ZIEGLER - Casoar à casque se régalant de quandongs bleus.

CHRISTIAN ZIEGLER - Orchidée *Eleanthus* pollinisée par des colibris.

"De longues colonnes d'éléphants manchots royaux progressent tranquillement entre les grands phoques"

Au début du printemps dans l'Antarctique, des centaines de milliers de mammifères et d'oiseaux marins convergent vers les plages caillouteuses de l'île de Géorgie du Sud, et près de 8 000 éléphants de mer se rassemblent dans la baie de St Andrews pour y donner naissance à leurs petits et en concevoir de nouveaux. Les femelles regroupées en harems, qui passent l'essentiel de leur temps à dormir sous la garde des mâles dominants, forment des blocs compacts montant et descendant au rythme lent des respirations. Quelques grands mâles se défient et se battent dans les déferlantes, jouant de leurs canines affûtées et de leur masse de plus de trois tonnes pour intimider, blesser, voire tuer leurs rivaux. Au milieu de ce spectacle accompagné d'un concert de rugissements et de grognements, de longues colonnes d'élégants manchots royaux progressent tranquillement dans les passages étroits ménagés entre les blocs de grands phoques pour rejoindre l'océan où ils nagent, barbotent et pêchent. Mission accomplie, ils reprennent le chemin inverse pour retrouver leurs colonies où ils nourrissent leurs poussins affamés et criards, couverts d'un fin duvet brun.

En couple dans la vie comme dans leur carrière de photographes du monde naturel et des cultures autochtones, John Eastcott et Yva Momatiuk travaillent souvent loin de tout. Pour la National Geographic Society, ils ont couvert aussi bien les tribus Maori d'East Cape et les éleveurs de moutons des hautes terres de Nouvelle-Zélande que les montagnards de Pologne et de Slovaquie. Leurs images, à la fois très conceptuelles et bouillonnantes de vie, se prêtent bien aux couvertures de livres et de magazines et aux utilisations commerciales. En 2008, après avoir exploré l'Antarctique à bord d'un petit voilier, ils ont publié dans National Geographic "Permission à terre", un reportage sur les éléphants de mer de Géorgie du Sud.

JOHN EASTCOTT & YVA MOMATIUK - Manchots royaux se faufilant entre des harems compacts d'éléphants de mer du sud.

JOHN EASTCOTT & YVA MOMATIUK - Engraissés puis abandonnés par leurs mères qui sont reparties s'accoupler, ces éléphants de mer sevrés ne se quittent pas d'une nageoire sur une plage de Géorgie du Sud, avant d'entamer leur première saison en mer.

JOHN EASTCOTT & YVA MOMATIUK - S'étirant paresseusement après sa sieste estivale sur la côte de la péninsule d'Alaska, ce petit grizzly blond ne quitte jamais sa mère, seule compagnie et rassurante protection.

JOHN EASTCOTT &
YVA MOMATIUK -
Deux baleines à bosse
chassant "au filet à
bulles" près de la
péninsule Antarctique.
Elles enfournent dans
leur large bouche
l'eau et la masse
de krill qu'elles ont
préalablement pris
au piège dans un
rideau de bulles, puis
expulsent l'eau à travers
leurs fanons pour ne
conserver que ces
minuscules et délicieux
crustacés dont elles
font leur ordinaire.

Dans l'œil de
David Doubilet

"Ils se sont mis à tourner autour de moi comme un merveilleux carrousel vivant."

En reportage en Nouvelle-Irlande, une île de Papouasie-Nouvelle Guinée, j'ai un jour nagé au milieu d'un immense banc de barracudas encerclant un piton sous-marin. Ils se sont mis à tourner autour de moi comme un merveilleux carrousel vivant. Réalisant que j'étais dans le champ de l'image que je rêvais de faire, j'ai rompu le cercle et je suis remonté vers le bateau.

Ayant demandé à ma guide Dinah Halstead de me suivre, nous sommes retournés au piton et, à ma grande surprise, nous y avons retrouvé les barracudas. Dinah a nagé vers le banc, j'ai plongé en dessous, je me suis retourné et j'ai cadré. Le banc a fait trois tours autour d'elle. Au dernier tour, Dinah a tendu la main, dessinant un lien naturel entre le monde humain et le monde sauvage, un trait de géométrie pure dans un abîme en apesanteur. Un instant plus tard, les barracudas disparaissaient dans les profondeurs.

Ma philosophie du métier est simple : la photographie est un langage qui a le pouvoir de célébrer, d'avilir, d'éduquer, d'inspirer et de provoquer le changement. Une image dispose d'environ deux secondes pour attirer l'attention du lecteur, elle doit transcender son sujet et toucher aux frontières mouvantes de l'art pour s'installer dans les mémoires.

Le photographe sous-marin David Doubilet, né à New York en 1946, a pris ses premières photos aquatiques à 12 ans avec son Brownie Hawkeye bon marché. Sous contrat avec National Geographic depuis 1976, il y a publié d'innombrables reportages. Familier des océans du monde, il a exploré les abysses du sud-ouest du Pacifique, de Nouvelle-Zélande, du Canada, du Japon, de Tasmanie, d'Ecosse et du nord-ouest de l'Atlantique. Il s'est aussi intéressé aux écosystèmes d'eau douce comme le delta de l'Okavango au Botswana et le Saint-Laurent au Canada. David Doubilet est membre de la Royal Photographic Society et a été intronisé en 2002 au panthéon de sa spécialité, le International Scuba Diving Hall of Fame.

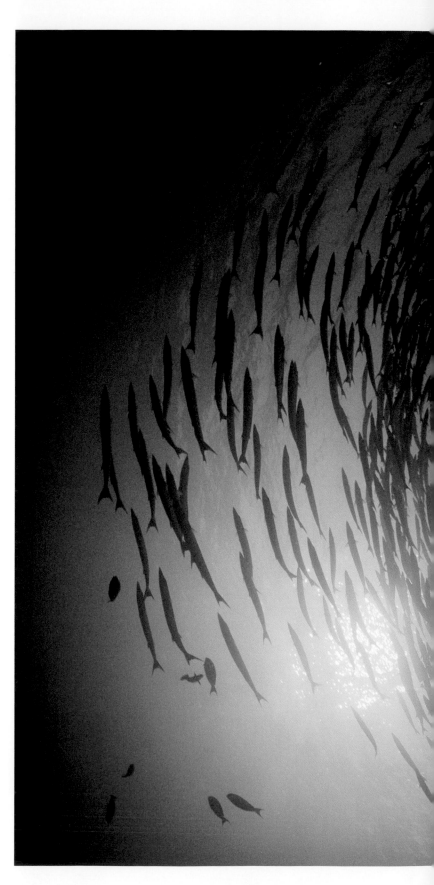

DAVID DOUBILET - Naturaliste pris dans un tourbillon de barracudas.

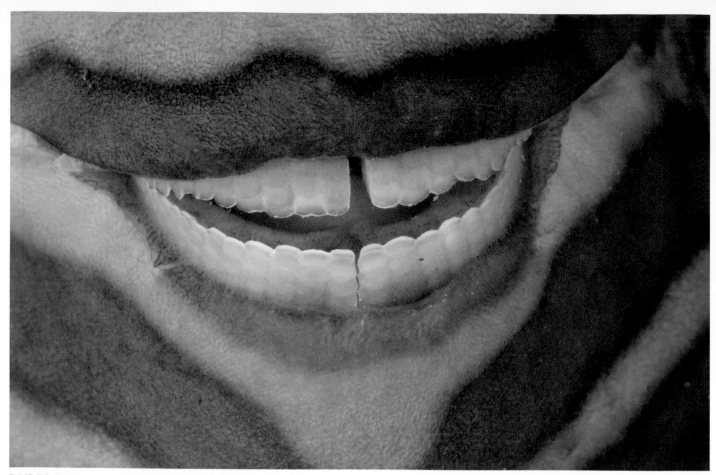

DAVID DOUBILET - Le sourire de clown d'un perroquet feuille morte.

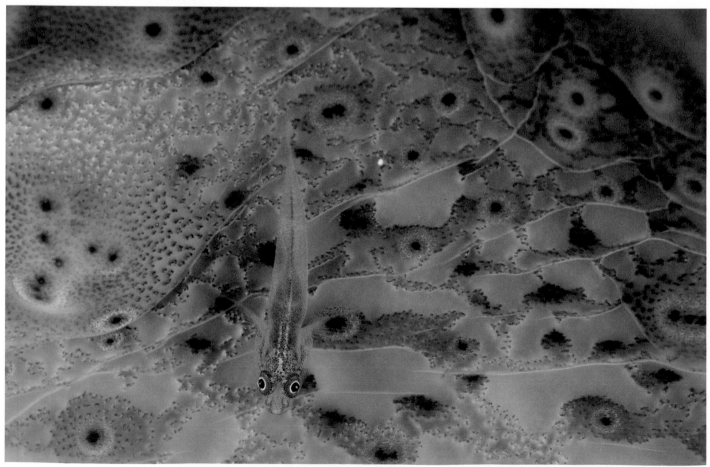

DAVID DOUBILET - Un minuscule gobie transparent posé sur un bénitier géant dans le Pacifique.

DAVID DOUBILET - Poissons-crevettes (*Centriscus scutatus*) et gorgones dans la baie de Kimbe, Papouasie-Nouvelle Guinée.

DAVID DOUBILET - Un poisson-clown rouge mâle couve ses œufs.

DAVID DOUBILET -
Des lions de mer dans
les eaux de la Grande
Baie australienne.

DAVID DOUBILET - Un corps dur et une peau épaisse forment une armure qui protège l'*Halgerda Batangas* contre les prédateurs. Ceux qui persistent apprennent également que le mangeur d'éponge libère une toxine.

DAVID DOUBILET - Poisson-clown à collier (*Amphiprion perideraion*) dans la baie de Kimbe, Papouasie-Nouvelle Guinée.

DAVID DOUBILET - Plongeur dans un lac rempli de méduses.

DAVID DOUBILET - Deux limaces de mer *(Nembrotha Kubaryana)*, très toxiques.

DAVID DOUBILET - Mérou goliath (*Epinephalus itajara*) dans l'épave du Baja California, coulé par un sous-marin allemand dans le golfe du Mexique au large de la Floride, États-Unis.

DAVID DOUBILET - Holothurie frayant dans la baie Challenger, Grande Barrière de corail.

GEORGE SHIRAS – Lac Whitefish, Michigan, États-Unis. Un photographe capturant la faune et la flore de nuit, dans un environnement naturel.

1888 : la National Geographic Society, fondée par 33 explorateurs, universitaires et chercheurs, publie son premier magazine en octobre.

1898 : Alexander Graham Bell, inventeur du téléphone, est élu président, succédant à feu son beau-père, Gardiner Greene Hubbard.

1906 : le numéro de juillet du *National Geographic Magazine* présente des images de cerfs par George Shiras – les premières photos au flash et la première photo nocturne à déclenchement automatique. Un bon lecteur, le Président Theodore Roosevelt, adresse un mot de félicitations à Shiras.

1910 : le Président George Taft décore Ernest Shackleton de la médaille Hubbard de la National Geographic Society pour avoir fait œuvre de pionnier dans l'Antarctique et repoussé les frontières de "l'Extrême-Sud".

1916 : après avoir campé dans le parc national Sequoia, Gilbert H. Grosvenor se fait l'avocat des parcs nationaux et consacre le numéro entier d'avril 1916 à la présentation des plus merveilleux paysages de l'Amérique.

1926 : la National Geographic Society compte un million de membres.

1930 : le numéro d'octobre présente les premières photos aériennes en couleur.

1942 : le correspondant étranger Luis Marden devient le "M. Amérique latine" du *National Geographic* pour ses reportages et ses articles sur le Mexique, la Colombie, l'Uruguay et d'autres pays d'Amérique centrale et du Sud.

1950 : Jacques-Yves Cousteau fait alliance avec *National Geographic*.

1961 : la Société finance un premier projet de recherche avec Jane Goodall.

1978 : Marie Tharp reçoit la médaille Hubbard de *National Geographic* pour son étude de la physiographie des planchers océaniques. On lui attribue aussi la découverte de l'énorme rift qui occupe le centre de la Dorsale mid-atlantique.

1999: Maeve Leakey et ses collègues, en mission de terrain pour *National Geographic*, exhument des fossiles qui se révéleront plus tard appartenir à une nouveau genre d'ancêtre humanoïde, *Kenyanthropus platyops*.

2006 : la Marche des pingouins reçoit l'Oscar du documentaire.

2011 : la National Geographic Society décerne sa 10 000e bourse de recherche.

2013 : la NGS célèbre ses 125 ans.

L'ACTU

Du Costa Rica au Japon, de la Russie au Mexique, des héros du journalisme à leurs pires ennemis : petit tour du monde de la liberté de la presse.

Sanjuana Martínez, les femmes et les enfants

Depuis plus de 20 ans, le Prix RSF-TV5Monde récompense un journaliste pour son engagement dans la défense de la liberté de l'information. Cette année, le jury honore le travail de la Mexicaine Sanjuana Martínez.

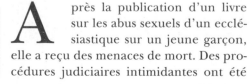

A près la publication d'un livre sur les abus sexuels d'un ecclésiastique sur un jeune garçon, elle a reçu des menaces de mort. Des procédures judiciaires intimidantes ont été intentées contre elle, et elle a même fait brièvement de la prison. Mais Sanjuana Martínez, collaboratrice freelance du quotidien *La Jordana*, n'a jamais cédé aux pressions. À plus de 50 ans, cette journaliste mexicaine poursuit son combat en faveur des femmes et des enfants victimes de maltraitance.

Native de Monterrey, dans l'État de Nueva León, elle a été pendant dix-huit ans correspondante à Madrid du prestigieux hebdomadaire *Proceso*, avant de revenir au pays. À ses innombrables reportages, elle a ajouté des livres d'enquête sur le trafic de drogues, l'immigration vers les États-Unis et l'Europe et des scandales dans l'église catholique.

Lauréate de nombreux prix professionnels, elle figure désormais parmi les héroïnes du journalisme honorées par Reporters sans frontières.

En septembre 2013, le magazine *Forbes* l'a classée parmi les 50 femmes les plus influentes du Mexique, pays le plus dangereux pour les journalistes sur le continent américain.

Artur Lara Romeu

MEXIQUE

152ᵉ

SUR 180
AU CLASSEMENT MONDIAL
DE LA LIBERTÉ DE
LA PRESSE 2014

201

C'est le nombre de journalistes, blogueurs et collaborateurs de médias assassinés depuis le 1ᵉʳ janvier 2000 au Mexique, au Honduras, au Brésil et en Colombie. Avec 81 assassinats, le Mexique arrive en tête des pays les plus mortifères d'Amérique latine. Presque tous ces crimes demeurent impunis à ce jour, faute de volonté politique et de système judiciaire efficace. Ces chiffres sont d'autant plus inquiétants qu'aucun de ces pays n'est officiellement en guerre.

148ᵉ

SUR 180
AU CLASSEMENT
MONDIAL DE LA
LIBERTÉ DE LA
PRESSE 2014

RUSSIE
Liberté de l'information :
le grand bond en arrière

Confronté en 2011-2012 à un vaste mouvement de contestation, Vladimir Poutine a tout fait pour asphyxier la société civile et restreindre l'espace du débat public. Patriotisme et néo-conservatisme servent de vernis idéologique à ce retour répressif à l'époque soviétique, qui inspire aussi une bonne partie de l'ex-URSS.

Moscou, octobre 2014 : le Président Vladimir Poutine lors d'un meeting avec des membres du gouvernement dans sa résidence de Novo-Ogaryovo.

À Moscou, les lois liberticides se multiplient à un rythme si effréné que le Parlement russe s'est attiré le surnom d'"imprimante en folie" : pénalisation de la diffamation, élargissement de la notion de "haute trahison", interdiction de la "propagande homosexuelle" et de l'"atteinte aux sensibilités religieuses"... Au nom de l'intégrité territoriale, ceux qui seraient tentés de critiquer l'annexion de la Crimée risquent désormais jusqu'à cinq ans de prison. Pendant que rétrécit l'espace de la parole, l'interdiction de la publicité sur les chaînes câblées et la limitation drastique des investissements étrangers dans les médias sapent l'assise économique de nombreux titres indépendants.

Hier encore très libre, la Toile est reprise en main. La liste noire de sites Internet bloqués, créée en 2012, ne cesse de s'allonger. Trois des principaux sites d'information proches de l'opposition, Grani.ru, EJ.ru et Kasparov.ru, sont inaccessibles depuis mars 2014 pour avoir évoqué des manifestations non autorisées. Et depuis l'été, les blogueurs influents sont tenus de s'enregistrer sous leur vrai nom et soumis à des obligations voisines de celles des médias. À compter du 1er janvier 2015, les données personnelles des internautes russes devront être traitées et conservées sur des serveurs situés en Russie, ce qui annonce le blocage des géants de l'Internet mondial et comble la dernière brèche dans le système de surveillance SORM, qui n'a rien à envier à celui de la NSA.

Mais la reprise en main, le plus souvent, se passe de lois : on ne compte plus les brusques changements de ligne éditoriale dans les médias, à la suite d'une cession d'actifs ou de l'intervention d'un actionnaire. En février 2014, la seule chaîne de télévision nationale indépendante, Dojd, a été exclue de la plupart des bouquets câblés. En mars, la rédactrice en chef du premier site d'information russe, Lenta.ru, a été congédiée, suivie par les trois quarts de son équipe. En août, REN TV a mis fin à son émission phare, "Une semaine avec Marianna Maximovskaïa". Seul dénominateur commun à tous ces journalistes : une indépendance affirmée.

> **❝ Le Kremlin part aussi à l'assaut de l'opinion publique mondiale ❞**

En revanche, pour les médias d'État et les chaînes privées qui relaient la propagande officielle, on déroule le tapis rouge : à eux de propager la nouvelle vulgate patriotique, conservatrice et conspirationniste justifiant la répression qui s'abat sur les opposants et activistes de la société civile. Mais à l'heure du conflit en Ukraine, l'opinion russe ne suffit plus : le Kremlin part aussi à l'assaut de l'opinion publique mondiale.

Quant aux gouvernements répressifs d'ex-URSS, ils n'ont pas besoin d'être convaincus. Trop contents de trouver à Moscou une légitimité pour leurs propres dérives répressives, ils en copient avec enthousiasme les dernières innovations : à travers toute la région fleurissent les restrictions à l'activité des ONG, à la liberté du Net ou à la "propagande homosexuelle".

À cela s'ajoutent quelques constantes : l'impunité des assassins et agresseurs de journalistes (33 tués depuis 2000) et l'arbitraire des potentats locaux (quatre journalistes emprisonnés pour s'être montrés trop critiques envers des autorités municipales ou régionales). Mais aussi la résistance opiniâtre de nombreux journalistes, vétérans de la Glasnost ou membres de la génération Twitter, qui inventent de nouvelles façons de poursuivre leur travail d'information...

Johann Bihr

64'
LE MONDE EN FRANÇAIS

L'actualité internationale décryptée
par le monde francophone 7j/7 à 18h*

*Sur TV5MONDE France Belgique Suisse. Autres horaires sur **tv5monde.com/64minutes**.

TV5MONDE

Photos © François Perrier

JAPON
Tsunami sur la liberté de la presse ?

La presse japonaise est l'une des plus puissantes au monde, mais ni la plus libre ni la plus transparente. Ainsi, le système des *kisha clubs* - des clubs de journalistes installés au sein des administrations et des entreprises, interdits aux reporters indépendants ou étrangers - représente une entrave à la libre circulation de l'information. Et la catastrophe de Fukushima n'a pas arrangé les choses.

Le Japon est un pays où la censure - et l'autocensure - disent rarement leur nom, alors qu'elles existent en filigrane depuis que la presse y a vu le jour au XIXᵉ siècle. La survivance du système exclusif des *kisha clubs*, associations de journalistes qui limitent à leurs seuls membres l'accès à l'information, en est la parfaite illustration. Mais avec la catastrophe nucléaire de Fukushima-Daiichi en mars 2011, la censure s'est transformée. Hier déguisée et subtile, elle est devenue visible et affirmée, les autorités n'hésitant pas, au nom de la sécurité des citoyens, à verrouiller l'information.

Et cette pratique s'est installée dans la durée : un an après le tsunami, l'entreprise d'électricité TEPCO et le gouvernement continuaient de traiter de manière discriminatoire, en les triant sur le volet, les journalistes indépendants qui souhaitaient visiter le site de la centrale. La question du nucléaire reste un sujet extrêmement sensible au Japon, et les fouineurs qui persistent à le traiter risquent gros. Ainsi, entre mai 2012 et août 2013, le journaliste freelance Minoru Tanaka a été l'objet d'un véritable harcèlement judiciaire de la part du président de New Tech, une entreprise de systèmes de sécurité nucléaire, après ses enquêtes approfondies sur la gestion de l'accident publiées dans l'hebdomadaire *Shukan Kinyobi*.

D'une manière générale, les journalistes japonais indépendants sont régulièrement ostracisés, les autorités prétextant de motifs variés et souvent contradictoires pour les tenir à l'écart des conférences de presse officielles ou leur refuser l'accès à certaines informations.

Pire : au nom de la lutte contre l'espionnage, la Diète, le Parlement japonais, a franchi un pas supplémentaire en adoptant en novembre 2013 une loi sur le secret d'État qui constitue une atteinte sans précédent au droit à l'information. Elle prévoit des sanctions d'une sévérité exceptionnelle pour la divulgation de "secrets spéciaux", sans plus de précision.

S'il s'obstine à couvrir une affaire classée de la sorte, un journaliste pourra ainsi être poursuivi pour haute trahison et passer 10 ans en prison. Plusieurs manifestations ont été organisées contre l'adoption de la loi, beaucoup craignant que la tragédie de Fukushima appartienne à ce type de "secrets spéciaux"…

On ne s'étonnera donc pas qu'en 2013, dans le Classement mondial de la liberté de la presse, le Japon ait rétrogradé de la 22ᵉ à la 53ᵉ place, la plus forte baisse parmi les pays asiatiques cette année-là.

Clothilde Le Coz

Tokyo, 29 juillet 2012 : un manifestant tient une bougie et un éventail avec les mots "No Nukes" (Pas de nucléaire) devant le Parlement japonais. Il proteste contre l'utilisation d'énergie nucléaire après la catastrophe de Fukushima en 2011.

59ᵉ
SUR 180
AU CLASSEMENT
MONDIAL DE LA
LIBERTÉ DE LA
PRESSE 2014

COSTA-RICA
Protecteur de la nature et de l'information

Depuis 2001, Reporters sans frontières n'a recensé aucun journaliste tué, emprisonné ou harcelé au Costa Rica. Son système législatif, qui assure une indépendance forte à la presse, fait de ce pays sans armée, réputé comme un sanctuaire de la forêt tropicale, un îlot de respect des droits de l'homme.

San José, 2 février 2014 : un vendeur de journaux brandit les unes de quotidiens nationaux qui traitent des élections présidentielles.

sociale et un système législatif transparent ont hissé le pays de la "*pura vida*" (son slogan touristique) à la 21ᵉ place sur 180 au Classement mondial de la liberté de la presse, assez loin devant la France, l'Espagne ou le Royaume-Uni...

Avec un pouvoir législatif à l'écoute de ses 5 millions de citoyens, le Costa Rica fait figure d'exception pour la liberté de la presse en Amérique centrale. Les délits de diffamation, calomnie et injure n'y sont plus passibles de peines de prison depuis 2010. Plus récemment, les députés costariciens ont pris en compte les critiques de la société civile contre un projet de loi sur les délits informatiques. Le texte prévoyait une peine de quatre à huit ans de prison pour la "diffusion d'informations politiques secrètes", notion suffisamment vague et inquiétante pour mobiliser les journalistes et les blogueurs du pays. Confronté à un débat houleux, mené notamment par le journaliste Randall Rivera qui a déposé un recours en inconstitutionnalité, le Congrès a réformé la loi en annulant définitivement toute peine de prison pour ce délit.

Ces avancées légales en faveur d'une information plurielle et indépendante pourraient inspirer de nombreux pays de la région et au-delà. Dans la plus grande partie de l'Amérique latine, une peine de prison guette encore tout journaliste accusé de diffamation.

D ans une région tristement célèbre pour sa violence organisée et sa corruption généralisée, le Costa Rica apparaît comme l'un des États au monde les plus respectueux des droits de l'homme et de la liberté de l'information. En 1948, la "Suisse de l'Amérique centrale" a fait de la paix et de la neutralité une priorité en supprimant son armée. Et à l'heure où le Honduras, le Salvador et la Colombie, parmi ses voisins les plus proches, continuent à battre des records annuels de violences et d'homicides, la paix

21ᵉ

SUR 180
AU CLASSEMENT
MONDIAL DE LA
LIBERTÉ DE LA
PRESSE 2014

Lola Meissonnier

il ne s'agit pas
de prévoir
l'avenir
mais de le rendre
possible

Antoine de Saint-Exupéry

écouter et regarder le monde

CARTE DU MONDE
de la liberté de la presse 2014

CENTRAFRIQUE 109ᵉ
GUERRE CIVILE

Face à la crise profonde que traverse la République centrafricaine depuis décembre 2012, Reporters sans frontières a organisé une formation à la sécurité physique pour 26 journalistes centrafricains du 9 au 12 octobre 2014. Victimes ciblées ou collatérales, les journalistes ont payé un lourd tribut au conflit armé qui fait rage dans le pays. Trois d'entre eux ont été tués en raison de leur profession, des dizaines d'autres se sont exilés. Beaucoup ont simplement cessé d'exercer leur métier, devenu trop dangereux.

ÉTATS-UNIS 46ᵉ
JAMES RISEN

Prix Pulitzer en 2002 et 2006, James Risen est journaliste d'investigation au *New York Times*. Il a notamment enquêté sur la sécurité nationale et révélé une opération secrète au cours de laquelle les services de renseignement américains ont tenté de fournir des plans d'armes nucléaires défectueuses à des officiels iraniens. Actuellement, Risen est poursuivi en justice pour ne pas avoir divulgué l'identité de ses sources lors du procès d'un ancien agent de la CIA, Jeffrey Sterling, accusé de lui avoir transmis des informations classifiées. Le 2 juin 2014, la Cour suprême a refusé de se saisir de son cas. Cela signifie que le journaliste risque désormais une peine de prison s'il ne révèle pas ses sources.

AFP

MEXIQUE 152ᵉ
#FIGHTIMPUNITY

Journaliste mexicaine, María Esther Aguilar Cansimbe a disparu en 2009, à l'âge de 33 ans. Spécialisée dans la couverture d'affaires criminelles, la jeune femme a quitté un matin son domicile après avoir reçu un mystérieux appel. Elle n'est jamais réapparue, laissant seuls son mari et ses deux petites filles. Le 2 novembre, RSF a lancé sa campagne #Fightimpunity (fightimpunity.org) et exhorté les autorités mexicaines à élucider sa disparition. Au total, l'organisation a dénoncé dix cas d'impunité et invité le grand public à faire pression sur les autorités pour traduire en justice les responsables de ces crimes.

Blanc : Situation bonne
Jaune : Situation plutôt bonne
Orange : Problèmes sensibles
Rouge : Situation difficile
Noir : Situation très grave

Retrouvez le Classement mondial de la liberté de la presse 2014 dans son intégralité sur www.rsf.org

Le Classement mondial de la liberté de la presse publié chaque année par Reporters sans frontières constitue un instrument de référence pour les organisations internationales (ONU, Unesco, Banque mondiale, etc.), les gouvernements et les médias du monde entier. C'est pour RSF un outil de plaidoyer qui permet d'exercer des pressions sur les États. Ce travail établit la position relative de 180 pays, de la Finlande à l'Érythrée. Des codes couleurs, du blanc au noir, permettent de visualiser la situation générale sur une carte. Voici quelques situations particulières.

TURQUIE 154ᵉ

#CYBERSÉCURITÉ

Reporters sans frontières a dispensé en septembre une formation à la sécurité numérique à 11 journalistes et net-citoyens turcs. Du contournement de la censure en ligne au chiffrement de données, les participants ont eu accès à une large palette d'outils pour mieux protéger leurs données et leurs sources et accéder à une information interdite par leur gouvernement. Cette formation s'inscrit dans un contexte d'intensification de la censure et de la surveillance du Net en Turquie. L'année 2014 a été marquée par le blocage de Twitter, YouTube et de nombreux sites d'information.

HONG KONG 61ᵉ

CHUTE LIBRE

En l'espace de douze ans, Hong Kong est passé du 18ᵉ rang au 61ᵉ sur 180 pays évalués par le Classement mondial de la liberté de la presse. Une chute inexorable qui pourrait s'aggraver au vu des récents évènements sur l'île. Contrôle de l'information, violences, intimidations et ingérence de Pékin qui n'a cessé d'alourdir sa mainmise sur les médias locaux et étrangers… Autant de faits préjudiciables qui expliquent la plus mauvaise position de Hong Kong au Classement depuis 2008.

INDONÉSIE 132ᵉ

83

C'est le nombre de jours que Valentine Bourrat et Thomas Dandois ont passés en détention en Indonésie. Les deux journalistes français ont été arrêtés pour infraction à la loi sur l'immigration, le 6 août 2014, dans la province de Papouasie, alors qu'ils effectuaient un reportage. À l'issue d'un procès, ils ont été condamnés à deux mois et demi de prison. Ils ont été libérés le 27 octobre 2014. Initiée par le comité de soutien et Reporters sans frontières, la pétition demandant leur libération a recueilli près de 15 000 signatures.

par Virginie Dangles

Leader de l'Alliance patriotique pour la réorientation et la construction et président de la Gambie depuis 1996, Yahya Jammeh lors de sa troisième campagne présidentielle.

GAMBIE

155ᵉ

SUR 180
AU CLASSEMENT
MONDIAL DE LA
LIBERTÉ DE LA
PRESSE 2014

Yahya Jammeh,
despote fluvial

Tenant depuis plus de 20 ans les rênes de la Gambie, le président Jammeh fait tout - lois liberticides, violations des droits humains, voire assassinats - pour mériter sa place parmi les 39 prédateurs de la liberté de la presse.

"Son Excellence Cheikh Professeur Alhaji Dr. Yahya Abdul-Aziz Jamus Junkung Jammeh Nasirul Deen Babili Mansa" : c'est ainsi que les deux millions de citoyens de la minuscule Gambie, ruban fluvial fiché dans le Sénégal au nord de la Casamance, doivent désormais appeler leur président. Babili Mansa, dernier titre en date, signifie en mandingue "roi qui défie les rivières". En attendant de dompter la nature, M. Jammeh multiplie les hauts faits : en 2007, il a juré qu'il pouvait guérir le sida, l'asthme, l'hypertension artérielle et l'infertilité féminine grâce à des infusions d'herbes ; depuis 2008, il clame jusqu'à la tribune des Nations unies sa volonté d'extirper les homosexuels, "ces vermines que nous combattrons encore plus agressivement que les moustiques transmettant la malaria" ; en 2009, après la mort de sa tante qu'il attribuait à la magie, il a fait enlever dans tout le pays par ses "guérisseurs" un millier de prétendus sorciers et sorcières, forcés d'avaler en prison des substances hallucinogènes ; en 2011, il a annoncé aux Gambiens, musulmans pour la plupart, que si Allah le voulait, il dirigerait le pays un milliard d'années ; en 2012, dans un pays qui n'appliquait plus la peine de mort depuis près de trente ans, il a fait fusiller d'un coup sept condamnés, dont une femme ; et en 2013, il a fait adopter un amendement au Code de la communication selon lequel les utilisateurs d'Internet, les journalistes et les blogueurs coupables de diffusion de "fausses nouvelles" sont passibles de 15 ans de prison et d'une amende de 60 000 euros... Trois mois plus tard, il annonçait sans explication le retrait de la Gambie du Commonwealth, dont elle faisait partie depuis 1965, après que le Royaume-Uni eut protesté contre ses conceptions discutables des droits humains !

> **" Il a juré qu'il pouvait guérir le sida, l'asthme, l'hypertension artérielle et l'infertilité féminine grâce à des infusions d'herbes "**

On le voit, notre défieur de rivières oscille, comme beaucoup d'autocrates, entre bouffées délirantes et cynisme implacable. Avec une propension à menacer, poursuivre, embastiller, terroriser, voire faire définitivement taire les journalistes et autres empêcheurs des médias. Il peut être content de lui : s'il a échoué à élever économiquement et socialement la Gambie - 155e sur 187 à l'Indice du développement humain -, il a au moins réussi à la faire descendre à la 155e place sur 180 au Classement mondial de la liberté de la presse de Reporters sans frontières.

Deyda Hydara, un assassinat toujours impuni

Il y a exactement dix ans, le 16 décembre 2004, Deyda Hydara, journaliste respecté, fondateur du quotidien indépendant *The Point*, correspondant de l'AFP et de RSF, était assassiné dans sa voiture à Banjul par des tueurs circulant en taxi. Il venait d'annoncer que son journal combattrait deux nouvelles lois liberticides, dont l'une sur la presse, votées la veille. L'enquête, confiée par le président Jammeh à la redoutable NIA (National Intelligence Agency) a rapidement conclu... à un crime motivé par des raisons personnelles, sexuelles ou crapuleuses. Depuis, rien, à part les dénégations et contre-feux du pouvoir, l'emprisonnement de sept journalistes protestataires en 2009 et la condamnation récente et jusqu'ici toute symbolique de l'État gambien par la cour de justice de la Cédéao (Communauté économique des États de l'Afrique de l'Ouest), saisie par la famille Hydara. Rien, à part la "disparition forcée" en 2006 d'un autre journaliste, Ebrima Manneh, jamais réapparu, et une litanie sans fin d'intimidations, d'arrestations arbitraires, de mauvais traitements et de menaces de mort contre les journalistes, les défenseurs des libertés et les simples citoyens le long du fleuve Gambie.

Jean-Michel Boissier

Aux côtés de
Taslima Nasreen,
Shirin Ebadi,
Baltazar Garzón,
Wole Soyinka et
Robert Badinter,
Roberto Saviano
est membre du
Conseil émérite
de Reporters
sans frontières.

ILLUSTRATION PAUL GRELET

Roberto Saviano, la rage de l'information

Sous protection policière constante, objet de menaces terrifiantes, contraint à l'exil, aux déménagements permanents et à l'isolement, le journaliste napolitain, mondialement célèbre pour son livre-enquête *Gomorra*, revendique l'écriture comme moyen d'exister.

"Suis-je à moitié mort ou à moitié vivant ? Je sais seulement que les menaces dont je fais l'objet ont fait de moi une personne moins bonne, plus égoïste, plus méfiante." Cette terrible déclaration, Roberto Saviano l'a faite après la publication de son enquête sur la Camorra, la mafia napolitaine. Une vidéo le montrait alors sur la banquette arrière d'une voiture aux vitres teintées, sur une autoroute italienne. Il y parlait de sa douleur, de son irritation face à la banalité tragique de sa vie et à la perte de ses amis.

Aujourd'hui, il public *Extra Pure*, une enquête consacrée à la cocaïne et motivée par le besoin de se venger de la Camorra, comme il le reconnaît avec lucidité.

Vous êtes une incarnation du courage au service de la vérité. Qu'est-ce que le courage ?
Pour moi, le courage, c'est admettre qu'on a peur. La peur est un sentiment humain, c'est pourquoi elle doit être respectée. C'est en l'admettant que l'on accomplit des actions courageuses. Mon courage provient de l'observation, de l'ambition de toucher, avec mes récits, le plus grand nombre. Il provient aussi d'une bonne dose d'ingénuité. Je n'ai jamais été fasciné par la figure du héros courageux. Au contraire, ce sont les personnes normales qui m'intéressent et pour lesquelles je ressens une profonde admiration, comme ces journalistes et blogueurs qui risquent leur vie chaque jour au Mexique, simplement parce

ITALIE

49ᵉ

SUR 180
AU CLASSEMENT
MONDIAL DE LA
LIBERTÉ DE LA
PRESSE 2014

qu'ils font leur travail, ou pour un message sur Facebook, un tweet, s'ils concernent les cartels de la drogue.

*Vous vivez sous protection depuis la publication de **Gomorra** il y a huit ans. Après tant d'années, le risque de vendetta de la mafia n'a pas disparu ?*
Les clans de la Camorra ont déjà exécuté une condamnation à mort des années après qu'elle a été prononcée. C'est le cas de Domenico Noviello, entrepreneur de la région de Caserte, qui a porté plainte pour extorsion en 2001 contre le clan des Casalesi. Ayant permis l'arrestation de plusieurs membres du clan, Noviello a bénéficié pendant un temps d'une escorte. En 2008, on l'a cru hors de danger et son escorte a été levée. Il a été assassiné par le clan, suivant une sentence prononcée sept ans plus tôt.

Quels sont pour vous les principaux dangers pour la liberté de l'information dans le monde ?
Parfois, je pense que la liberté d'information est une utopie, tant elle est menacée de toutes parts. D'abord, par les organisations criminelles qui, dans de nombreux endroits, jouissent du soutien des forces de l'ordre et des institutions. Ensuite, par la masse de ceux qui n'ont pas envie de prendre parti : ils laissent ainsi libre cours aux organisations criminelles. Des phrases comme "ils s'entretuent" ou "mais pourquoi diable as-tu dénoncé cette situation ?" montrent à quel point nos sociétés se sont habituées à tout et n'opposent plus aucune résistance.

Entouré de son escorte, Roberto Saviano arrive à la cour d'appel de Naples en juin 2008. *La Repubblica* vient alors de révéler que des membres de la Camorra ont juré de le tuer avant Noël.

Et dans votre pays, l'Italie ?

Dans mon pays - mais on pourrait étendre le problème au monde entier -, la crise que traversent les médias conduit à une baisse de la qualité de l'information. On court après les clics au détriment de l'approfondissement. Ainsi, on se trouve face à une information qui se vend au plus offrant et se plie à des logiques qui sapent une respectabilité construite au fil du temps.

Pendant les dictatures ou les guerres, les journalistes sont victimes de violences ou de menaces. Dans les démocraties, il subissent un contrôle plus soft, plus subtil. La mafia n'utilise-t-elle pas ces deux armes contre vous ?

La Camorra, et les organisations criminelles en général, avant d'éliminer une personne qu'elles considèrent comme encombrante ou dangereuse, l'assassinent par des mots. L'arme *soft* dont vous

> 66 *Parfois, je pense que la liberté d'information est une utopie* 99

parlez, c'est la diffamation. C'est arrivé à ceux qui ne sont plus là et à ceux qui sont encore en vie. C'est arrivé à Don Peppe Diana, prêtre de Casal di Principe, tué par le clan des Casalesi en 1994, prétendument pour avoir caché des armes, ou pour des histoires de femmes. En réalité, il est mort d'avoir écrit un texte fondamental dans lequel il invitait les habitants de Casal di Principe à se rebeller contre le clan. Il est mort d'avoir refusé les sacrements aux familles des *camorristi*. Giovanni Falcone lui-même a été accusé d'avoir organisé l'attentat manqué à la dynamite de l'Addaura, pour se faire de la publicité. L'assassinat de Pippo Fava, un journaliste sicilien, a été faussement attribué à de sordides affaires personnelles, alors qu'il dénonçait la mafia de Catane depuis des années, en dévoilant les liens qu'elle entretenait avec les hommes politiques et les

dp2
Quattro

Réinventer la photo.
Explorer un nouveau monde.

**Une résolution époustouflante, qui rivalise avec les reflex les plus avancés.
Un concept sans compromis, qui exprime plus que jamais la philosophie Sigma**

Avec sa structure multicouche qui capture l'ensemble du spectre lumineux visible à la manière d'un film argentique, son capteur d'image directe Foveon est unique. C'est le seul capteur au monde à séparer les couleurs verticalement, et c'est seulement SIGMA qui le propose.
Les nouveaux dp disposent de la nouvelle génération de capteur Foveon X3 Quattro, qui permet d'obtenir une ultra-haute résolution, équivalente à 39 millions de pixels. Comme leurs prédécesseurs DP Merrill, les dp Quattro sont des appareils monoblocs compacts équipés d'un objectif à focale fixe de très haute performance. Chaque modèle offre une focale particulière répondant à des besoins différents.

Le dp2 Quattro possède un objectif 30mm F2,8 (équivalent à un 45mm 24x36).
Idéal pour créer des images réalistes et naturelles, c'est pour SIGMA l'appareil dont le photographe d'aujourd'hui a besoin. Prenez-le en mains et découvrez son potentiel infini.

• dp1 Quattro : grand angle 19mm F2.8 (équiv. 28mm), dp3 Quattro : téléobjectif 50mm F2,8 (équiv. 75mm)
(date de sortie non confirmée)

dp1 *Quattro*	**dp2** *Quattro*	**dp3** *Quattro*
Grand angle 19mm (28mm) F2.8	Standard 30mm (45mm) F2.8	Téléobjectif 50mm (75mm) F2.8

SIGMA

sigma-global.com

SIGMA France S.A.S. 2, Avenue Pierre et Marie Curie - Synergie Park - 59260 LEZENNES - RCS B 391604812 LILLE - www.sigma-photo.fr

entrepreneurs. Ils disent de moi que je ne suis qu'un pantin, que j'ai inventé ce que j'ai écrit, que je l'ai plagié. Et pour ça, ils utilisent tous les moyens possibles, même au tribunal. "Saviano ? Qui ça ? Celui qui a pompé son livre ? Celui qui invente des histoires ?" Ainsi, ils mettent une pierre tombale sur tout, avant même d'appuyer sur la détente.

Que peuvent faire les citoyens pour vous défendre, et défendre les journalistes comme vous ?
Les citoyens sont ma véritable escorte. Je le répète souvent, les mafias n'ont pas peur de ceux qui portent plainte, ni de ceux qui écrivent, mais de ceux qui lisent. Les mafias redoutent ceux qui décident de raconter à leur tour, de devenir des caisses de résonance.

Vous citez souvent L'Homme révolté : *"Mais l'enfer n'a qu'un temps, la vie recommence un jour". Que signifie cette phrase pour vous ?*
Pour moi, cette phrase est fondamentale, au sens propre du terme. Sur le plan personnel, je ne peux pas imaginer que ma vie restera toujours cet enfer de réclusion, je sais que tout changera un jour, même si cela reste flou. Sur le plan collectif, cette phrase merveilleuse est un hymne à l'espoir, mais pas à un espoir vide, inerte, passif. "L'enfer n'a qu'un temps" signifie qu'après des périodes d'obscurité, il y aura des périodes de renaissance. Mais il faut travailler pour que cela se produise, sans attendre que quelqu'un d'autre décide à notre place.

En travaillant sur la cocaïne, vous avez retrouvé le plaisir d'enquêter ?
Un plaisir immense qui précède et prépare l'écriture. Je n'ai pas eu peur que mes thèmes vieillissent parce que j'avais le devoir absolu d'être rigoureux. Cela ne m'intéressait pas d'écrire un énième essai sur la cocaïne, je voulais écrire un livre qui en montre toutes les facettes et tous les interstices. Un livre qui fasse le lien entre l'Amérique du Sud, l'Italie et la spéculation sur le marché de la construction immobilière déclenchée en Allemagne après la chute du mur de Berlin. Je voulais montrer à quel point la production, la distribution et la consommation de cocaïne ont

ROBERTO SAVIANO

EXTRA PURE

VOYAGE DANS L'ÉCONOMIE DE LA COCAÏNE

Gallimard

"La carte du monde est tracée par le carburant, celui des mœurs et des corps. Le pétrole est le carburant des moteurs, la coke celui des corps."

une influence déterminante sur chaque aspect de nos vies. La forme stylistique est celle du récit, mais les données sont toutes réelles, pondérées, et mises à jour.

D'après vous, quels sont aujourd'hui les enquêtes sur lesquels les journalistes devraient concentrer leur énergie ?
Le blanchiment de capitaux criminels dans les établissements de crédit. C'est une question d'une importance capitale parce que cet argent, souvent en quantités inimaginables, dope totalement l'économie légale et mine les démocraties. Le trafic de drogues finit par tout financer, des emprunts contractés par les particuliers aux prêts pour les entreprises.

Encourageriez-vous aujourd'hui de jeunes journalistes à prendre les risques que vous avez pris ?
Ils n'ont pas besoin que je les y encourage. Beaucoup ont une telle passion pour leur travail qu'ils le font sans protection, sans guère de rétribution, sans embauche régulière. Et malgré la grande précarité de leur situation, ils nous offrent les meilleurs pages de journalisme qu'on puisse trouver. Qu'il s'agisse d'articles, de reportages ou de documentaires, le journalisme n'a jamais été aussi vivant. C'est à nous de continuer à croire qu'il est essentiel. C'est à nous d'observer, de lire, d'approfondir et de défendre par notre présence l'intégrité de ceux qui font de l'information au péril de leur vie.

> 66 *Articles, reportages, documentaires, le journalisme n'a jamais été aussi vivant* 99

Propos recueillis par Perrine Daubas

SIGMA

Des performances optiques exceptionnelles.
Une construction et une finition exemplaires.
Des fonctions innovantes et personnalisables.
Incomparable. Un must.

S Sports

150-600mm F5-6.3
DG OS HSM

Etui, Pare-soleil (LH1164-01), sangle d'épaule

Pour en savoir plus sur nos nouvelles lignes :

sigma-global.com

Yurtçu, Göktepe et ma lutte en Turquie

Depuis dix-huit ans, Erol Önderoğlu est le représentant de Reporters sans frontières en Turquie. Acteur et témoin privilégié des intenses mutations de la société turque, il revient sur son engagement et sur les moments marquants de cette longue collaboration.

Anxieux, je fixais tour à tour les quatre gardiens patibulaires qui m'entouraient : lequel allait me donner la cassette du message que notre lauréat du prix Reporters sans frontières-Fondation de France 1996 avait enregistré pour la cérémonie ? Un intermédiaire nous avait prévenus qu'elle serait prête. Paris l'attendait de toute urgence. Et si, par malheur, je sortais de cette prison sans l'avoir en main ?

J'avais fait trois heures de tortillard pour rendre visite à Ocak Işık Yurtçu, rédacteur en chef du quotidien pro-kurde *Özgür Gündem* ("Libre agenda"), détenu depuis trois ans dans la prison de haute sécurité de Sakarya, au Nord-

TURQUIE

154ᵉ

SUR 180
AU CLASSEMENT
MONDIAL DE LA
LIBERTÉ DE LA
PRESSE 2014

ouest de la Turquie. Finalement, un cinquième gardien est entré et m'a tendu nonchalamment la cassette. Contrarié de ne pas avoir pu rendre visite à Işık mais heureux d'avoir en main son précieux message, je suis sorti par la grande porte.

Grâce à ce prix récompensant un journaliste oublié dans son propre pays, Yurtçu, condamné à 15 ans de prison pour "propagande en faveur du PKK" (Parti des travailleurs du Kurdistan, interdit), s'en est sorti. À l'issue d'une amnistie conditionnelle votée par le gouvernement turc sous la pression internationale, il a été libéré en août 1997, avec une quarantaine de représentants de médias "infidèles".

Ankara, 19 mars 2011 :
des journalistes
et des activistes
manifestent en
faveur de la liberté
de la presse et
de la démocratie.

Dans les années 1990-1995, les journalistes du Sud-est anatolien (Kurdistan du Nord) ont payé un lourd tribut lors des affrontements entre les forces armées turques et le PKK. Beaucoup ont été assassinés par la contre-guérilla et le Hezbollah turc. Mais c'est à Istanbul qu'un autre meurtre de journaliste a secoué l'opinion : le 8 janvier 1996, Metin Göktepe, reporter du quotidien de gauche *Evrensel* ("Universel"), a été retrouvé mort dans un parc, après avoir été tabassé par la police. Ce fut mon premier rapport d'enquête à Reporters sans frontières. Impossible d'oublier le courage du grand photographe Marc Riboud, alors âgé de 75 ans, debout sur une chaise de la salle d'audience d'Afyon, dans l'ouest du pays, pour soutenir avec RSF la famille Göktepe. Le procès fut exemplaire et les policiers condamnés et emprisonné pour homicide.

Autre souvenir : le 3 mai 2002, à l'occasion de la Journée de la liberté de la presse, RSF a imprimé sur le sol de la gare Saint-Lazare à Paris une mappemonde géante comportant les portraits de 38 "Prédateurs de la liberté de la presse", dont le chef d'état-major des armées turques, Hüseyin

> **" *Je continuerai à défendre coûte que coûte la liberté d'expression pour tous* "**

Kivrikoğlu. Appels téléphoniques, articles calomnieux, convocations à la police d'Istanbul... les milieux et les médias nationalistes turcs ne m'ont rien épargné. Et l'affaire est remontée très haut : ayant convoqué l'ambassadeur français à Ankara, le Premier ministre turc a prévenu que les relations entre les deux pays seraient "affectées" si l'exposition n'était pas démantelée. Elle le fut malheureusement au bout de quelques jours, après des attaques de groupes violents.

Aujourd'hui, même s'il m'est parfois difficile d'accepter l'idée que des journalistes et médias jadis supporters des bourreaux puissent devenir des victimes de la répression, je continuerai à défendre coûte que coûte la liberté d'expression pour tous. En tant que représentant de RSF, j'ai la joie et l'honneur de lutter au sein d'un cercle de militants courageux, dans un pays qui a longtemps souffert de l'oppression militaire et qui, après dix ans de réformes judiciaires, peine toujours à les appliquer et dresse de nouvelles barrières financières et religieuses à la liberté d'informer.

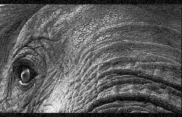

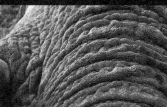

APRÈS **UN JOUR SUR TERRE**
ET **LA PLANÈTE BLEUE**

NATURE
REDÉCOUVRONS NOTRE MONDE

WWW.NATURE-LEFILM.COM

DISPONIBLE EN 2D ET 3D

AU CINÉMA LE 24 DÉCEMBRE

Dans une publication, l'"ours" désigne la liste des collaborateurs ayant participé à son élaboration. L'origine du terme est débattue. Selon la thèse la plus répandue, l'"ours" serait un surnom donné à l'imprimeur, le typographe étant le "singe". Balzac l'explique ainsi : "Le mouvement de va-et-vient, qui ressemble assez à celui d'un ours en cage, par lequel les pressiers se portent de l'encrier à la presse et de la presse à l'encrier, leur a sans doute valu ce sobriquet." Pour d'autres, "ours" proviendrait du mot anglais "ours", "les nôtres", désignant l'équipe éditoriale. De toutes espèces...

Reporters sans frontières remercie chaleureusement *National Geographic* pour son soutien ainsi que son équipe aux États-Unis, Kathy Moran, Sarah Leen, Janet Goldstein, Zachary Galasi et Adrian Coakley, et ses photographes de talent, David Doubilet, John Eastcott & Yva Momatiuk, Chris Johns, Tim Laman, Michael Nick Nichols assisté de Chloe Skye Delaney, Paul Nicklen, Norbert Rosing assisté de Elli Rosing, Joel Sartore assisté de Grace Young, Brian Skerry, Steve Winter assisté de Veronica Sharon, Christian Ziegler, ainsi que l'équipe française : Catherine Ritchie, Julie le Floch et Laure Poirier.

Reporters sans frontières remercie également les contributeurs de cet album, l'Agence France Presse et ses photographes, Johann Bihr, Thibaut Bruttin, Boris Coridian, Virginie Dangles, Clothilde Le Coz, Didier François, Franz-Olivier Giesbert, Sanjuana Martinez, Lola Meissonnier, Erol Onderoglu, Roberto Saviano et Manuela de Caro, Morgane Tricheux.

Nous remercions Paul Grelet, illustrateur de cet album, d'avoir donné une étoffe particulière à nos contributeurs. Nous avons également une pensée particulière pour Christophe Renard, qui nous a accompagnés ses deux dernières années dans la conception graphique de l'album.

Jean-Michel Boissier a apporté une contribution précieuse à Reporters sans frontières, comme il le fait depuis plus de vingt ans, en étant tout à la fois auteur, relecteur et traducteur dans cet album : merci à notre administrateur et trésorier !

Notre association remercie enfin Presstalis, les réseaux Relay, Maison de la Presse, Mag Presse, Passion, Mediakiosk et les vendeurs de journaux. L'UNDP, le SNDP, le réseau Interforum Editis, les libraires et American Express apportent un soutien indéfectible à nos actions. Merci également à Bouygues et Thomas Cook, pour leur contribution à cette édition.

Nous vous remercions, vous, chers lecteurs : ensemble, continuons à nous battre pour une information libre !

American Express s'est associé à Reporters sans frontières pour créer une hotline internationale destinée aux journalistes en difficulté, disponible gratuitement 7 jours sur 7, 24 heures sur 24 | SOS PRESSE : +33 (0)1 47 77 74 14
American Express and Reporters Without Borders together created an international hotline for journalists in distress. It is available free of charge 24 hours a day, 7 days a week SOS PRESS : +33 (0)1 4777-7414

Reporters sans frontières
Secrétariat international
47 rue Vivienne
75002 Paris / France
Tél. : + 33 (0)1 44 83 84 84
www.rsf.org

Éditions Reporters sans frontières
Collection "Pour la liberté de la presse"

Directeur de la publication
Christophe Deloire

Directrice du développement et des éditions
Perrine Daubas
perrine@rsf.org

Assistante d'édition
Amélie Pinaudeau
amelie@rsf.org

aidées de
Marie Naudet

Édition et correction
Jean-Michel Boissier
Virginie Dangles

Direction artistique & design
Alexandre "Daltex" Nativel - Les Digitalistes
contact@lesdigitalistes.com

Traduction
Jean-Michel Boissier
Mike Tarr
Virginie Rolland

Régie publicitaire externe
Nathalie Morel d'Arleux
Tél. : +33 (0)6 80 23 61 95

Photogravure
Agence Mercure
Tél. : +33 (0)1 44 54 14 50

Fabrication
Société Koryo
Tél. : + 33 (0)1 80 80 12 12
Imprimé chez FOT, à Lyon

Toutes les photos (sauf mention contraire)
© National Geographic
Légendes
© National Geographic
Illustrations
© Paul Grelet

ISBN: 978-2-36220-028-1
ISSN: 1958-0797
Achevé d'imprimer en novembre 2014

ILLUSTRATION PAUL GRELET

AVENTURES

DÉCOUVERTES

EXPÉDITIONS

Le magazine National Geographic emmène ses lecteurs sur le chemin d'aventures humaines uniques.

Le mensuel National Geographic…

et ses hors-séries thématiques

EXPLORER • DÉCOUVRIR • COMPRENDRE

Christophe Deloire
Secretary-general
Reporters Without Borders

CURIOSITY *about every side of life*

Journalists describe life, be it happy or tragic, everyday or exceptional. Curiosity about life's diversity is at the root of journalism, of journalistic reporting in all domains including politics, the economy, culture, science and sport. But it would not be complete if it did not also cover the animal and vegetable realms. The finest photos of the National Geographic Society's magazine, published in more than 30 languages, show us another side of life, a fascinating and threatened one.

Everyone at Reporters Without Borders is grateful for this two-fold gift from the photographers of *National Geographic*, a legendary magazine published without interruption since 1888. They are not only giving us their dazzling photos but also, through this book's sales, helping us to continue providing concrete support to journalists and bloggers who, in much of the planet, defend life at great risk to themselves. When these searchers after the truth cover nature and its enemies, the worst is often to be feared.

In Russia, independent journalist Mikhail Beketov was beaten unconscious for his determined defence of Khimki Forest against the threat of a proposed motorway, and died last year as a result of his injuries. In Uzbekistan, one of his fellow journalists was given a ten-year jail sentence on trumped-up charges for covering the Aral Sea ecological disaster. In Malaysia and Sri Lanka, journalists are attacked during demonstrations in defence of the environment.

At Reporters Without Borders, our researchers and correspondents focus on supporting journalism's everyday heroes and on extending the realm of freedom of information. In this book, we take you into the Russian empire of media control, we reveal the grim secrets of one of media freedom's worst predators, Gambian President Yahya Jammeh, and we offer you an unpublished interview with Italian journalist Roberto Saviano, who risks everything to expose the Neapolitan mafia.

We thank you, Roberto, a member of our emeritus committee along with Nobel laureates and other eminent people from all over the world, and we thank all of you for continuing to support us.

Franz-Olivier Giesbert
writer and journalist

Let's love OTHERS

In this corner of the planet it was Francis of Assisi who first had the great idea of treating animals as brothers and sisters. One of human history's geniuses, Charles Darwin, went on to say it all when he depicted humans and non-humans as part of the same animal world.

This is why we detract nothing from human animals when we feel compassion for non-human animals. Or fascination. Or even admiration. It is time to rid ourselves of our superiority complexes, to get down from our pedestal and to rediscover the living world from which we were wrongly isolated. That is this book's aim.

I will not go so far as to say it is our species that has place of honour in this excellent book dedicated to the glory of animals, but I do not think it would be completely wrong to say that. If there is the animal in us, there is also the human in them, as some of these photos show. In these pages, we find the same sensuality, the same feeling of helplessness and the same deep gaze.

In recent decades, science has constantly taught us how much we resemble animals in intelligence, sensations and emotions. Laughing is not peculiar to humans, as we long thought. Monkeys and dogs laugh, as do rats when, for example, they are tickled. Pigs, who recognize themselves in mirrors, have the same self-awareness that we thought limited to humans. Fish suffer. Empathy is widely shared by most animal species, by elephants obviously but also by bats. As regards solidarity, it would do us no harm to learn from their examples.

For too long we believed Descartes, who compared animals to machines, and Kant, for whom they were like potatoes. Nowadays, fear of animals is on the decline in a world that increasingly turns its eyes towards Asia, where philosophies and religions celebrate the oneness of all living things. When we fear animals, we fear ourselves. When we love them, we love ourselves too. All that remains is to follow a well-known person's formula and just love one another, as this book invites us to do.

Kathy Moran
First Senior Editor
National Geographic

WILDLIFE *from a different perspective*

In a New York hotel room former President Omar Bongo of Gabon had an epiphany. Looking at Michael "Nick" Nichols' photographs of the wildlife and wild places in his country, he declared that he had never realized the natural wonders that existed in Gabon. Bongo's "aha" moment led to the creation of Gabon's first national park system. Photography and a presidential decree succeeded in protecting 11% of the country – a remarkable conservation achievement and one of many examples of the power of natural history photography to inspire, educate and protect our natural resources. This credo to effect change informs *National Geographic*'s conservation storytelling and drives our photographers to make impactful photographs.

The American naturalist John Muir wrote, "When one tugs at a single thing in nature, he finds it attached to the rest of the world." How does *National Geographic* help people understand the complex environmental issues that challenge us? One way is to devise innovative ways to help them experience the natural world. From remotely triggered cameras to robotic tanks to jungle canopy platforms, our photographers create intimate and revealing images that invite viewers to consider wildlife from a different perspective. There are no boundaries or constraints in the pursuit of storytelling photographs. Our one-of-a-kind images both dazzle and create a lasting appreciation for nature.

But the beautiful image - a lioness with cubs, a whale shark skimming through baitfish, a bird of paradise dancing for a mate - cannot stand alone. Without context it is meaningless. Nichols says, "I am not a fan of straight wildlife photography. I want the work to have a mission." Informed by science and paired with the hard edge of inquiry, our images can and do inspire change. *National Geographic* photographers tackle stories about the most pressing issues facing the planet and those who inhabit it. They are the frontline reporters documenting the struggle between survival and extinction. In telling these stories we share the responsibility of change with an audience that is informed, engaged, and concerned. Our journalism helps influence public opinion, legislation and policy decisions on a global scale.

Our talented storytellers have collaborated to produce powerful investigative coverage, such as the recent "Blood Ivory", "Asia's Wildlife Trade", and "Countdown to Extinction" - Joel Sartore's evocative portraits of more than 2100 endangered species. By photographing every species on the IUCN Red List, Sartore hopes to "show the world what's at stake [and]… inspire people to care as much about a frog as they do about a panda."

Nichols' "Megatransect" coverage in Congo and Gabon is one of many features that had a measurable conservation impact. Others include Paul Nicklen's photography coupled with Greg Stone's writing about the Phoenix Islands, which importantly brought attention to the Pacific atoll and resulted in the creation of a marine park. Meanwhile, Brian Skerry's photography of Northern right whales helped pass legislation limiting the speed of ships in waters frequented by whales, saving many from deadly collisions.

In an era of Twitter feeds and the 24-hour news cycle, *National Geographic* remains dedicated to the pursuit of in-depth storytelling to reveal the natural world. Few missions are more difficult than conservation photography. Wildlife photographers are forged in the field, there are no shortcuts. The photographs in this book took time, knowledge, patience and an intense desire to share the wonders of our natural world. I have had the pleasure of working with all of the photographers whose work is featured here. Their dedication to storytelling and conservation constantly inspires me. It is an honor to call them my friends and colleagues.

We applaud the photographers who challenge us to maintain the highest journalistic standards, as well as the people who help to protect them. Reporters Without Borders has fought against censorship of the press in all forms - from hostage situations to Internet restrictions.

National Geographic owes much of its reputation to protective organizations such as Reporters Without Borders, without which we would never inspire the massive global awareness that we do. Reporters Without Borders provides *National Geographic* photographers the support they need to help us connect to often overlooked or forgotten species, the ones whose very existence depend on our future actions.

RUSSIA *Freedom of information : the great leap backwards*

Confronted by a major protest movement in 2011 and 2012, Vladimir Putin did everything possible to throttle civil society and restrict the space for public debate. Patriotism and neo-conservatism were used as the ideological varnish for a return to the Soviet past that has since been copied in many other former Soviet republics.

In Moscow, draconian laws are being passed at such a rate that the Russian parliament has been dubbed the "printer gone crazy" They have criminalized defamation, extended the concept of high treason, banned "homosexual propaganda" and "attacking religious sentiments."

In the name of territorial integrity, anyone tempted to criticize Crimea's annexation now faces the possibility of up to five years in prison. As the space

for free speech shrinks, a ban on advertising on cable TV stations and drastic curbs on foreign investment in the media have undermined the economic basis of many independent news outlets.

The formerly very free Internet has also been reined in. The list of blocked websites, created in 2012, keeps on getting longer. Three of the main pro-opposition news websites - Grani.ru, EJ.ru and Kasparov.ru - have been blocked since March 2014 for mentioning unauthorized demonstrations. And, since this past summer, influential bloggers have been required to register under their real names and to meet other requirements similar to those demanded of news media.

From January 2015 onwards, the personal data of Russian Internet users will have to be stored and processed on servers based in Russia. This will have the effect of blocking the international Internet giants and will fill the last gap in Russia's SORM surveillance system, which is every bit as thorough as the NSA's.

But it is not just the law that is used to bring media into line. There have been many sudden editorial policy changes at news organisations as a result of asset transfers or a shareholder's intervention. Most cable TV providers dropped the only independent national TV channel, Dozhd, in February 2014. The editor of the leading Russian news website Lenta.ru, was fired in March, followed by three quarters of her staff. REN TV dropped its leading programme, "A week with Marianna Maximovskaya," in August. The only thing these journalists had in common was their unwavering independence.

Red carpet treatment, on the other hand, is reserved for the state-owned media and commercial TV channels that relay the government's propaganda, transmitting the new patriotic, conservative and conspiracy theorist discourse that justifies the crackdown on government opponents and civil society activists. But, with the conflict in Ukraine, Russian public opinion is no longer enough and the Kremlin is now also going after world public opinion.

The former Soviet Union's other repressive regimes have no need to be convinced. They are only too happy with Moscow's legitimation of their own despotic excesses and are enthusiastically copying the latest innovations. Restrictions on NGO activities, online freedom and "homosexual propaganda" are proliferating throughout the region.

Some enduring features of the media landscape must also be mentioned. They included the impunity enjoyed by those responsible for violence against journalists (of whom a total of 33 have been killed since 2000) and the arbitrary behaviour of powerful local officials (who are currently holding four journalists for being overly critical of municipal or regional authorities). But they also include stubborn resistance by many journalists - both Glasnost veterans and Twitter generation members - who keep finding new ways to report the news.

JAPAN *Media freedom hit by tsunami?*

The Japanese media are among the most powerful in the world but they are not the freest or the most transparent. The system of *kisha clubs* – journalists' clubs at governmental entities and private sector companies that exclude freelance and foreign journalists - obstructs the free flow of information. And the March 2011 Fukushima-Daiichi nuclear plant disaster has only made things worse.

Japan is a country in which censorship and self-censorship are rarely mentioned but they have been a constant if subtle presence ever since the press emerged in the 19th century. The survival of the exclusive *kisha clubs*, under which only journalists who are members have access to information, is the classic example. But now censorship has changed. From being veiled and subtle, it as become visible and stated, with the authorities openly controlling information on public safety grounds.

This is not just a short-term measure. A year after the tsunami, the power company TEPCO and the government were continuing to cherry-pick the journalists allowed to visit the nuclear plant, discriminating against freelancers. Nuclear power is still a very sensitive issue in Japan and journalists take a big risk if they keep ferreting around for stories on the subject.

From May 2012 to August 2013, freelancer Minoru Tanaka was subjected to all-out judicial harassment by the head of New Tech, a nuclear safety systems company, because of his investigative pieces about the handling of the disaster, which were published in the weekly *Shukan Kinyobi*. As a rule, the Japanese authorities ostracize freelance journalists, giving varied and often contradictory reasons for barring them from official news conferences or denying them access to certain information.

In the name of combatting espionage, the Japanese parliament went one step further in November 2013, adopting a state secrets law that constitutes an unprecedented assault on the right to information. It provides for exceptionally harsh penalties for anyone divulging "special secrets", without explaining what that means. A journalist who persists in covering a subject that is given this classification could get a 10-year jail sentence on a charge of high treason. Several demonstrations against the law's adoption were held as many fear that the Fukushima disaster could come under the category of "special secrets."

It will come as no surprise that Japan fell from 22nd to 53rd in the Reporters Without Borders press freedom index in 2013, the biggest fall by any Asian country that year.

COSTA RICA *Protector of nature and news*

Reporters Without Borders has not registered a single journalist killed, imprisoned or harassed since 2001 in Costa Rica, a tropical rain forest sanctuary with no army. Its legislative system guarantees considerable media independence and has turned the country into an island of respect for human rights.

In a region notorious for organized violence and widespread corruption, it stands out as one of the world's most respectful nations as regards human rights and freedom of information. This "Switzerland of Central America" made peace and neutrality a lasting priority when it adopted a constitution in 1949 abolishing its army.

While close neighbours Honduras, Salvador and Colombia continue to beat all records for violent crime and murder, social peace and a transparent legislative system have elevated the country of "*pura vida*" (its tourist slogan) to 21st place in the Reporters Without Borders press freedom index, way above France, Spain and the United Kingdom.

Thanks to a parliament that listens to its 5 million citizens, Costa Rica's respect for media freedom stands in stark contrast to the situation in the rest of Central America. Prison sentences for defamation and insult have been abolished since 2010.

Costa Rica's legislators heeded a civil society outcry when a 2012 bill envi-

saged sentences of up to four years in prison for "disseminating secret political information," a vague wording that alarmed the country's journalists and bloggers. After a stormy national debate in which the journalist Randall Rivera filed a legal petition accusing the bill of unconstitutionality, parliament rewrote it and scrapped all references to imprisonment.

Costa Rica's legislation promoting pluralist and independent information offers an example to many countries in the region and beyond. Any journalist accused of defamation still faces the possibility of imprisonment in most of Latin America.

YAHYA JAMMEH, *river despot*

Holder of the reins of power in Gambia for more than 20 years, President Yahya Jammeh does everything possible - including imposing draconian laws, violating human rights and ordering murders - to justify his inclusion in the Reporters Without Borders list of 39 Predators of Press Freedom.

"His Excellency Sheikh Professor Alhaji Dr. Yahya Abdul-Aziz Jamus Junkung Jammeh Nasirul Deen Babili Mansa" is how the president must now be addressed by the 2 million inhabitants of Gambia, a minuscule strip of territory astride the Gambia River in the middle of Senegal, just to the north of the Casamance region. Babili Mansa, the latest title to be added, means "king who defies the rivers" in Mandingo.

While waiting to tame the forces of nature, President Jammeh has realized other exploits. In 2007, he swore that he could cure AIDS, high blood pressure and female infertility with herbal teas. Since 2008, he has been proclaiming his determination - even at the United Nations - to "fight these vermins called homosexuals or gays the same way we are fighting malaria-causing mosquitoes."

In 2009, after blaming his aunt's death on witchcraft, he sent his "traditional healers" throughout the country to abduct around a thousand suspected sorcerers, who were then forced to drink hallucinogenic potions in prison. In 2011, he told his mainly Muslim people that, if Allah so wished, he would rule them for a billion years. In 2012, although Gambia had carried out no executions for nearly 30 years, he had seven convicts, including a woman, executed by firing squad.

In 2013, he had an amendment to the Information and Communications Act passed under which journalists and bloggers can be sentenced to 15 years in prison and a fine of 60,000 euros if they spread "false news." Three months later, after the United Kingdom took issue with his questionable views on human rights, he withdrew Gambia from the Commonwealth without any explanation , although it had been a member since 1965.

Like many other autocrats, this "defier of rivers" alternates between delirious episodes and relentless cynicism, with a tendency to prosecute, jail, terrorize or definitively silence journalists and other media troublemakers. He can be proud of himself: while failing to improve Gambia economically or socially (it is still 155th out of 187 countries on the Human Development Index), he has at least managed to make it fall to 155th out of 180 countries on the Reporters Without Borders press freedom index.

Deyda Hydara's still unpunished murder

The respected journalist Deyda Hydara, co-founder of the independent newspaper *The Point* and Banjul correspondent of both Agence France-Presse and Reporters Without Borders, was shot dead by men in a taxi exactly ten year ago, on December, 16th 2004. He had just announced that *The Point* would combat two new repressive laws, one of them a press law voted the day before.

The investigation into his murder, which President Jammeh assigned to the feared National Intelligence Agency, quickly concluded that the motive was personal, sexual or criminal in nature. Nothing has happened since then, aside from government denials and counter-attacks, the jailing of seven journalists who protested in 2009, and Gambia's recent (and so far entirely symbolic) condemnation by the Economic Community of West African States, which was petitioned by the Hydara family.

Plus the "enforced disappearance" in 2006 of another journalist, Ebrima Manneh, who never reappeared, and a seemingly endless list of cases of intimidation, arbitrary arrest, mistreatment and death threats targeting journalists, human rights defenders and others living along the Gambia River's banks.

ROBERTO SAVIANO : *a raging need to inform*

"Am I half dead or half alive? I only know that the threats I've received have made me a less good, more self-centred and more distrustful person." Roberto Saviano made this chilling statement after his investigation into the Camorra, the Neapolitan mafia, was published. A video showed him the back of a car with tinted windows on an Italian motorway. He spoke of his pain, his irritation at the banality of his life, made unbearable by the tragedy to which he had been condemned – the loss of his friends.

His latest book, *Extra Pure*, an investigation into the cocaine economy, was motivated by a need to take revenge on the Camorra, as he readily acknowledges. Under constant police protection, the target of terrifying threats and forced into exile, frequent changes of location and permanent isolation, Saviano, 35, has turned to writing as a way of life.

You are the embodiment of courage in the service of truth. What is courage?
As far as I'm concerned, courage is admitting you're afraid. Fear is a human feeling. That's why it should be respected. Acknowledging fear is how you take courageous action. My courage comes from observation and the desire to reach as many people as possible with what I write. It also comes from a good dose of ingenuity. I've never been fascinated by the courageous hero figure. On the contrary, it's normal people that interest me, inspire a deep admiration in me. People such as journalists and bloggers who risk their lives every day in Mexico just for doing their job or for posting Facebook message or tweets that are about the drug cartels.

You've lived under protection since Gomorra *was published eight years ago. Hasn't the threat of a mafia vendetta faded after so many years?*
There has already been a case of a Camorra family executing a death sentence years after it was issued. The victim was Domenico Noviello, a businessman in the Caserte region, who filed an extortion complaint against the Casalesi family in 2001. It led to the arrest of several members of the family. Noviello was given an escort for a while. They thought he was out of danger and removed the escort in 2008. And the family murdered him, carrying out a sentence issued seven years earlier.

In your view, what are the main threats to freedom of information worldwide?
Sometimes I think freedom of information is a utopia because it is under so many threats everywhere. Firstly by organized crime, which enjoys police and institutional support in many places. Then by the mass of people who don't want to get involved – they give free rein to the criminal organizations. Comments such as "they are just killing each other off" and "why the hell did you draw attention to this situation?" show the degree to which our societies are used to everything and no longer put up any resistance.

And in your country, Italy?
The crisis in the media is resulting in a decline in the quality of reporting in my country. And the same goes for the entire world. They are chasing after clicks at the expense of depth. So you get reporting that sells itself to the highest bidder and follows a rationale that undermines reputations built up over time.

Under a dictatorship or in wartime, journalists are the victims of violence or threats. In democracies, they are subjected to a softer, subtler control. Doesn't the mafia use these two kinds of weapons against you?
The Camorra and crime organizations in general use words to kill the people they regard as problematic or dangerous before physically eliminating them. The soft weapon you refer to is defamation. It's used against everyone, both those who are no longer around and those who are still alive. It happened to Don Peppe Diana, the Casal di Principe priest, who was killed by the Casalesi family in 1994, supposedly for hiding guns or over women. In fact, he was killed for writing a key text in which he urged Casal di Principe's inhabitants to rebel against the Casalesi family. He was killed for refusing the sacraments to relatives of the *camorristi*. Giovanni Falcone was accused of organizing the failed dynamite attack in Addaura in order to get publicity. Pippo Fava, a Sicilian journalist, was said to have been killed for sordid personal reasons when in fact he had been denouncing the Catane mafia for years, exposing its links with politicians and businessmen. They say of me that I am just a puppet, that I invented what I have written, that I plagiarized. And to this end, they use all possible means, including the courts. "Saviano? Who is he? The one who copied his book? Who made up stories?" This is how they put a gravestone over you before pulling the trigger.

What can the public do to defend you and journalists like you?
The public are my real bodyguards - their eyes, their attention. As I've often said, the mafias are not afraid of those who file complaints or of those who write. They are afraid of those who read. They are afraid of those who repeat what they've read, who become echo chambers.

You often quote a phrase from Camus' book The Rebel *– "Hell only lasts a while and life begins again one day." What does this phrase mean for you?*
For me, this phrase is fundamental, in the true sense of the term. At a personal level, I cannot imagine that my life will always continue to be this hell of confinement. I know that everything will change one day, even if I don't know exactly how. At the collective level, this marvellous phrase is a hymn of hope, but not an empty, inert, passive hope. "Hell only lasts a while" means that after periods of darkness, there will be periods of renaissance. But we must work to bring it about, without waiting for others to decide for us.

While working on the cocaine book, did you rediscover the pleasure of investigating?
An immense pleasure prior to and preparing to write. I wasn't afraid that my subject matter would get old because I had an overriding duty to be rigorous. I wasn't interested in writing just another essay about cocaine. I wanted to write a book that described all the aspects and filled in all the gaps. A book that established the links between South America, Italy and the real estate market speculation in Germany after the fall of the Berlin Wall. I wanted to show the degree to which the production, distribution and consumption of cocaine has a decisive influence on every aspect of our lives. It's written in a story-telling style, but all the facts are real, analysed and up-to-date.

In your view, what stories should journalists be investigating nowadays, what stories should they be concentrating their energies on?
The laundering of criminal profits through credit institutions. It's an issue of fundamental importance because this money, often in unimaginable quantities, corrupts the legal economy and undermines democracies. Drug trafficking ends up financing everything, from the loans obtained by individuals to the money invested in companies.

Would you encourage young journalists today to take the risks you have taken?
They don't need me to encourage them. Many have such a passion for their work that they do it without protection, for almost no remuneration and without a regular job and, despite all the risks and uncertainties, they produce some of the best journalism you can find. Whether we are talking about articles, reportage or documentaries, journalism has never been so vibrant. It's up to us to keep believing that it is essential. It's up to us to read, take an interest and, by our presence, defend those who risk their lives to provide us with information.

La passion de
James Foley

Ancien otage en Syrie, le journaliste d'Europe 1 Didier François a vécu
une partie de sa détention avec James Foley, assassiné par l'organisation
État islamique le 19 août 2014. Il lui rend ici hommage.

James Foley en novembre 2012 à Alep, en Syrie. Enlevé par des hommes armés à Taftanaz, dans la province d'Idlib, le 22 novembre 2013, il a été assassiné le 19 août 2014.

James Foley nous a tous aidés à survivre. Il était le meilleur compagnon de détention. Un pilier de notre groupe. D'humeur toujours égale, sans son pareil pour désamorcer l'un de ces innombrables petits conflits qui naissent de la promiscuité, de la peur, de la faim. Il était pourtant obsédé par la nourriture. Ou plus exactement, par son manque. Mais il était fondamentalement partageur. Et comme il était également de ceux qui craignaient le moins les coups, il avait tout naturellement pris en charge cette tâche essentielle : il réclamait du pain. Pas pour lui, pour chacun. Sans mollir, sans se laisser intimider. Son insistance agaçait pourtant nos geôliers qui n'aimaient pas qu'on leur tienne tête. Il n'en avait que faire.

C'est cette force de caractère, bien plus que sa nationalité, qui lui valait l'attention particulière des bourreaux. Car il a tenu jusqu'au bout, sans craquer, sans céder. Jim traversait les épreuves avec une apparente décontraction. Il avait un sourire lumineux, franc, entier. Sourire dont il ne se départait jamais, pas même dans les pires moments. Un jour qu'un énorme hématome lui déformait le visage, l'œil fermé, la bouche tuméfiée, il continuait de sourire, du tréfonds de son cœur, sans penser à se plaindre. Et pour nous tous, otages inquiets aux espoirs incertains, ce rayonnement permanent était une source inépuisable de sérénité.

Jim était bon. C'est l'amour qui nourrissait sa foi profonde. Et peut lui importait la façon de prier Dieu. Il aimait son prochain au sens biblique du terme et traquait dans le Coran les injonctions à la miséricorde. Ses meurtriers ne pouvaient ni le comprendre, ni le tolérer, quand en revanche tous ceux qui l'ont croisé au cours d'un reportage vont naturellement vous parler de cette bienveillance. Jim savait écouter. Il cherchait à comprendre patiemment, sincèrement. Savait s'effacer pour raconter la vie des autres. Dire, décrire, expliquer, sans jamais se mettre en scène. James Foley était un excellent journaliste.

La veille de notre libération, l'un de nos tortionnaires, au sadisme supérieur à la moyenne, a forcé Jim à prendre une pose christique, bras en croix, tête penchée sur l'épaule droite. À cette époque, Jim n'avait pas encore le crâne rasé. Ses cheveux longs ondulaient, une barbe un peu miteuse creusait son visage allongé. Et dans la pénombre de notre cellule, cette composition sinistre conçue par nos geôliers a déclenché en moi un puissant écho visuel. C'est la dernière fois que j'ai vu James vivant. Mais aujourd'hui, cette parodie de passion efface, dans ma mémoire, la mise en scène macabre de son assassinat.

Didier François